结构优化

我国多元化种植结构协调发展策略研究

徐伟平 代瑞熙 贾国强 张帅 著

中国出版集团有限公司
研究出版社

图书在版编目(CIP)数据

结构优化：我国多元化种植结构协调发展策略研究 / 徐伟平等著. —— 北京：研究出版社，2022.11
（农业农村产业振兴发展研究）
ISBN 978-7-5199-1358-8

Ⅰ.①结… Ⅱ.①徐… Ⅲ.①多元化－种植业结构－协调发展－研究－中国 Ⅳ.①F326.1

中国版本图书馆CIP数据核字(2022)第192185号

出 品 人：赵卜慧
出版统筹：丁 波
责任编辑：寇颖丹
助理编辑：何雨格

结构优化
JIEGOU YOUHUA
我国多元化种植结构协调发展策略研究

徐伟平等 著

研究出版社 出版发行

（100006 北京市东城区灯市口大街100号华腾商务楼）
北京云浩印刷有限责任公司 新华书店经销
2022年11月第1版 2022年11月第1次印刷
开本：710毫米×1000毫米 1/16 印张：7.75
字数：66千字
ISBN 978-7-5199-1358-8 定价：49.00元
电话（010）64217619 64217652（发行部）

版权所有·侵权必究
凡购买本社图书，如有印制质量问题，我社负责调换。

目录

第一章
导　论
一、研究种植结构优化的必要性及意义……………… 004
二、关于种植结构优化的研究现状……………………… 012
三、种植结构优化的主要研究内容和目的…………… 025

第二章
我国种植业结构调整历程及特征
一、稻谷种植结构调整历程及特征……………………… 031
二、小麦种植结构调整历程及特征……………………… 037
三、玉米种植结构调整历程及特征……………………… 043
四、大豆种植结构调整历程及特征……………………… 049
五、蔬菜种植结构调整历程及特征……………………… 055
六、水果种植结构调整历程及特征……………………… 061

第三章
种植结构调整的影响因素及机制分析

一、国家政策对种植结构调整的影响机制分析……… 067

二、农户特征对种植结构调整的影响机制分析……… 075

三、气候条件对种植结构调整的影响机制分析……… 083

四、社会经济对种植结构调整的影响机制分析……… 087

第四章
政策对种植业结构调整的影响

一、玉米临时收储政策影响分析……………………… 093

二、小麦最低收购价政策影响分析…………………… 101

第五章
我国种植业均衡调整的政策建议……………………… 108

参考文献……………………………………………………… 115

第一章
导　论

　　农业种植结构优化一直是我国农业领域的热门话题，早在20世纪80年代，就有诸多学者对我国农业种植结构优化做了深入研究，为我国农业领域的政策制定和稳定发展建言献策。在不同年代，由于社会背景的不同，农业种植结构优化的研究重点也有不同。改革开放初期，为解决国内农产品供应不足的问题，农业种植结构优化的重点主要是提高农业生产力，注重产量和经济效益的提升，并且主要集中在粮食等大宗农产品领域。到21世纪初期，我国加入世界贸易组织（WTO），农业领域面临来自国际的竞争压力，农业种植结构优化的目的相应地也要兼顾国际竞争力问题，在稳定粮食等大宗商品供给数量的前提下，需要提升我国农业产业的生产效率，以便在国际市场上谋得一席之地。近些年，我国农业领域面临农产品供给结构性不足、农民收入低下、环保压力过大等突出问题，农业种植结构优化的目的也转变为如何从全产业链发力，提升高端农产品数量，打造区域性农产品品牌，实现农业供给侧结构性改革。可以看出，农业种植结构优化是一项与时代要求紧密结合的工作，具有长期性和动态性的特征，因此在我国农业产业发展进入新时期的当下，把握新时期的背景特征以及对农业领域的新要求，弄清新时期农业种植结构优化的目标，规划好我国农业种植结构的改革路径，做到与"十四五"战略规划目标的有机耦合，不仅对实现我国农业的高质量可持续发展有着重要的现实意义，同时也有利于我国国民经济整体发展的平稳运行。

在新时期下，我国农业面临的要求更加多样化，形势也更加严峻，在国内层面，农业种植结构优化面临三方面的要求：一是来自数量方面的要求。我国作为一个人口大国，保障国民日常农产品和其余行业的原料供给是基础工作，这一要求在任何历史阶段都是对农业产业的基本要求；二是来自质量方面的要求。我国经济得到快速发展以来，人民的消费观念和饮食观念都有了巨大改观，由吃得饱到吃得好的转变意味着单纯满足温饱问题已经不再是居民的消费需求，对于农业产业的要求自然也会上升到质量层面，尤其是目前我国各类大宗农产品的产量，如粮食、蔬菜、水果等都位居历史高位，满足数量要求已经不再是紧迫任务，但是在高端农产品市场上仍有巨大缺口，这说

第一章
导　论

明在下一历史阶段，提升农产品质量，打造农产品优势品牌，填补我国农产品在高端市场上的空缺，将会是重点任务；三是来自环保方面的要求。之前由于我国生产力及生产观念落后，对数量要求过高，导致在生产方面无法有效兼顾产量与环境资源，每年稳定高额的农产品产出往往伴随着对于环境的负面影响，例如小麦种植导致的地下水漏斗、畜牧业发展导致的土地沙漠化等即是此类现象的典型代表。"绿水青山就是金山银山"，在我国整体经济发展要转向高质量发展的当下，这种以过度投入、损害环境为代价的生产模式必然不具备可持续性。生态振兴作为乡村振兴战略中的重要环节，如何通过种植结构优化，充分发挥各地资源禀赋优势，提升农作物与当地生态环境之间的协调性，在保障农产品市场有充足供给的前提下，降低对资源环境的压榨程度，是在新时期农业产业发展过程中需要重点思考的问题。在国际层面，相较于21世纪初期，目前的国际形势更加复杂多变，除了中美贸易摩擦这样的直接事件，新冠肺炎疫情、俄乌冲突等国际重大事件也使得当下的国际形势变得更加扑朔迷离。在全球一体化发展的背景下，利用国际贸易来补充国内市场缺口是稳定国内农产品市场的有效手段也是必然手段，但是波诡云谲的国际形势以及我国庞大的市场体量决定了，当下，立足国内才是根本。考虑到我国人多地少的基本国情，除了通过科技手段提升生产力，利用种植结构优化，充分发挥我国地域广阔、气候多样的优势，提升各区域特色农作物的生产效率，也是在新时期保障我国农产品有效供给，避免国际市场冲击的有效手段。

一、研究种植结构优化的必要性及意义

（一）种植结构优化的必要性

种植结构是指各类农作物播种面积在总播种面积中所占的比重以及地域分布情况，种植结构的优化就是在综合考虑了市场需求、运输成本、资源约束、农民收入、国际贸易等因素的条件下，能够使种植结构在更大程度上同时满足以上各类要求，尽可能实现区域范围内经济、生态和社会等多方面的协调统一。种植结构大致可以从三个层次理解其含义：一是整体种植业在农业产业乃至国民经济中的地位；二是种植业内部，各大类品种如粮、棉、油、糖等在其中所占的比例，以及这些品种种植区域的布局；三是具体到某一品种，分析研究各类品种在种植业中所应该占据的比例以及种植区域的布局。

种植结构优化一般从宏观层面进行考量，并且在政策

第一章 导　论

层面上对农业的种植或养殖决策进行指导或者干预，不过从微观层面来说，家庭联产承包责任制是我国农业最基本的经营制度，农户拥有农业生产经营的最终决定权，种植结构在政策层面的指导似乎与这一制度有所违背，但其实不然，在政策层面上对农户种植决策进行指导主要有三方面原因。一是政府目标与农户目标之间的协调性，农业作为基础行业，政府对农业的要求涉及经济、社会、生态、政治等多个方面，但是农户在做农业生产决策时很可能只考虑经济效益，导致在其他层面产生负外部性，因此在某些情况下，需要国家出台政策对农户的生产决策进行干预，例如基本农田只能种植粮食作物这一规定，就是基于保障粮食安全这一社会问题所做出的考虑，避免了农户因为追求经济效益而使得农田非粮化。二是因为信息差的存在，农户虽然拥有对自身承包地的最终生产决策权，但大多数农户由于决策能力较差，很难对市场做出有效判断，其生产决策未必符合当下市场需求，这时就需要政府或者科研单位提供参考，修正农户的生产策略。三是农产品的同质性和生产的周期性，相对于工业品，农产品之间并不存在明显的技术壁垒和产品差异，这很可能使农户在进行种植决策时出现跟风行为，当多数农民选择跟风种植或种植上一年度经济效益好的农作物时，由于农产品生产有其固有的自然周期，在下一个上市期来临时，市面上很有可能充满了相同类型的农产品，过多的数量以及产品之间的同质性很容易导致农产品价格下跌，形成"谷贱伤农"的现象。在政策的引导下，可以使各地区依据自身的气候特征、土壤秉性等自然条件，选择最适合当地种植的农作物，这样不仅能够保障各地区都有自己的优势作物，避免同质化竞争，也能够充分发挥资源禀赋优势，提升农产品的生产质量，还能进一步打造地域品牌，提升产品的附加价值，提高农户的收入水平。例如，五常大米、阳澄湖大闸蟹就是因为农产品生产要求与当地气候的高度契合，从而形成了打造品牌的基础，不仅保障了该类产品在市场上的竞争力，提升了农户收入，同时也满足了市场对于此类农作物的数量和质量要求。

（二）种植结构优化的意义

从总体效果来看，研究种植结构优化的意义，是使种植结构更加契合社会发展需求和环境资源承载能力，在保障物质产出数量的同时，通过提升生产效率，降低土地、水、肥料等生产资料的投入数量，减少对资源环境的损害。换言之，研究种植结构优化的意义就在于让种植结构与当下的社会和自然背景更加契合，从而达到经济、社会、生态三者效益的有机协调。

具体而言,种植结构优化的意义在每一个历史阶段有其自身的侧重点,这是由当时的时代特征和环境特征决定的,因此在任何时期内,对种植结构优化意义的界定都不能脱离当时的历史。新中国成立以来,以我国经济发展路线为主要脉络进行划分,可以将种植结构优化调整分为不同阶段,通过进一步对不同历史阶段种植结构调整方向和目的的分析梳理,可以从时代发展的角度看到种植结构优化的变迁规律和历史逻辑。

依据国家经济发展的普遍规律,第一产业在国民经济中的地位会逐渐降低,城镇化水平不断提高,耕地面积逐步减少,最终都将趋于稳定,这一规律也同样适用于我国,1949年至2020年,第一产业增加值在全部产业增加值中的比重从70%左右下降至不足17%,近几年占比虽然仍在下降,但是下降速度明显放缓。从第一产业的内部结构来看,种植业也将同步面临份额不断缩减的局面,在这一个过程中,种植结构也会随之调整,依据其变化规律,大体也可以分为三个阶段。

第一阶段是新中国成立初期至改革开放前,由于各类产业都处于起步阶段,并且以"大包干"为代表的农业经营制度限制了农户自主劳动的积极性,整体生产力较为低下，同时受国家政策管控作用的影响，种植结构调整不具备自由的市场空间，这一阶段我国的种植结构调整空间较小，主要目的仍然集中在生产力的提升以及国民基础物资的保障上，以解决粮食以及重要原料的供给为优先任务。在国家发展起步阶段，国民温饱以及工业原料的提供是农业要解决的两个关键问题，因此虽然受国家制度影响，种植业调整空间较小，种植业的重心还是会在一定程度上倾斜于粮食产业和棉花、橡胶等工业原料品种。

第二阶段是改革开放后至21世纪前，在这一阶段，伴随着国民经济的不断发展，国民收入水平得到一定的提升，国民消费观念迎来一定的转变，同时随着工业等产业的进步及其对农业产业的反哺，带来农业产业整体生产力的提升，粮食以及重要原料对种植面积的要求随着单产水平的提升而下降。因此农户出于对经济收入的追求，选择放弃粮食作物而转为种植经济作物。并且由于国民对肉、蛋、奶需求的不断提升，饲料作物的需求量也水涨船高，在口粮得到保障的前提下，饲草作物的种植面积也得到一定提升。在这一阶段，种植结构会逐步向多元化发展，主要表现就是粮食作物播种面积的缩减，以及经济作物和饲料作物播种面积的增加。

第三阶段是21世纪至今，在这一阶段，受第二阶段的

第一章 导　论

影响，我国种植业农产品在生产端已经展现出百花齐放的态势，在市场上农产品种类增加的同时，也会带来激烈的市场竞争，所以第三阶段的主要任务就是种植业产业结构的优化以及调整。在第二阶段，农户由种植粮食转变为种植其他作物，但是由于之前都是以种植粮食为生，农户在进行种植品种改变时对其他品种并无太多了解，这一转变多是依据自身判断或者周边农户的选择，在科学性上会有一定欠缺，所以第二阶段虽然呈现出了多样性的趋势，但是还需要进行一定的调整才能使各地区农户的种植决策趋于最优化。需要注意的是，这一调整并非固定不变的，从上文中可以看出，种植结构的调整是受整个农业产业或者国民经济发展影响的，在国民经济发展的不同阶段，市场会出现不同的需求，相应地就需要生产端做出一定的改变，在这个话题上，供给侧结构性改革就是一个很好的范例。

在第三阶段的调整过程中，可以预见的是，最终的调整方向必然会显露出明显的地域性，这是由农业本身的特性决定的，尤其是种植业。种植业是以土壤、水分、阳光为基础的产业，气候是影响种植业最终产出数量和质量最重要的自然要素，以此为基础，寻求与种植品种最为适宜的种植区域，不仅有利于提高生产效率，避免资源浪费，还可以形成产品差异性，避免了市场上过多的同质化竞争,依据对不同种植品种的要求,对种植区域的选择也会有不同的标准,对于稻谷、小麦等事关国家粮食安全的作物,保证数量是第一要义,因此种植区域要尽可能优先向单产高的地区集中,而对于一些高端的农产品,例如部分的水果蔬菜,为了提升品种的附加价值,则需要优先保障质量提升,应当选取气候条件最适合这类种植作物自然生长的区域。综上,不论是出自对数量的追求还是质量的追求,在第二阶段种植业多样化发展的基础上,出自农业自身所带的先天禀赋,第三阶段种植业的调整结果都势必会使农业的种植结构带有明显的地域性,而这不仅是出自迎合植物生长条件的基本要求,也将会是种植业进行附加价值提升,形成农产品区域性品牌,提升农民收入的必要基础,对于消费者而言,也是满足其多样化消费需求,提升生活幸福感和获得感的有效前提。

综上所述,可以看出种植业优化调整的方向与时代特征紧密结合,这不仅仅是因为时代特征会影响市场需求,进而对种植业产出数量和结构提出要求,同时也是因为时代发展为种植业的结构调整提供了外部条件。例如,工业化的发展使各项技术反哺农业产业,提升农业生产力,城镇化的发展使一定的农村劳动力转移到城镇中,人口外流也为农村机械化的发展提供了外部条件。因此,要研究

第一章
导 论

种植业结构优化，把握住当下的时代特征是首要前提。目前，我国各类大宗农作物产量都处于历史高位，但是农民收入低下以及环保问题依然突出，再加上近几年国际危机事件频发，产业链全球化趋势明显，国际贸易竞争愈加激烈。因此，结合当下我国农业所处的时代特征而言，保障数量已经不再是种植业结构优化调整的主要目的，更重要的是要在种植结构调整的基础上，进一步加强各地区自然资源禀赋和作物生长特性的耦合程度，深挖地方性资源价值，在稳住产量的情况下，做到提质增效，提高农产品质量，结合当地气候、文化、历史等特点，在各地打造出农产品区域性品牌。这样一来，不仅能够保障我国粮食等重要农产品的产出数量，确保社会经济的平稳运行，同时也有利于农户收入的提升和资源环境的保护，填补当下农产品市场高端产品不足的空白，满足了人民对于美好生活的需要。另外在对抗国际农产品竞争时，低成本、高质量的农产品也更有利于我国应对其他国家农产品对我国农业产业造成的冲击，紧跟我国农产品"走出去"的战略布局。

二、关于种植结构优化的研究现状

（一）关于种植结构优化的评价体系

种植结构优化的目的就是让种植结构更加契合时代需求，评价体系就是衡量优化变动所产生效果的方式，我国对于种植结构的研究始于20世纪80年代，也就是改革开放以及家庭联产承包责任制实施之后，对于其评价体系也经历了阶段性转变。第一阶段主要是集中在产量提升上，这与当时的社会背景有密切关系。第二阶段关注的重点在经济效益上，在市场化经济体制改革的大背景下，经济效益的好坏也是衡量种植结构优化是否获得良好效果的重要标准。之后随着时代发展，种植结构优化的其他作用逐渐凸显，学者们也开始关注其他方面，例如社会效益和生态效益方面的效果，如今学术界对于种植结构的优化多是从多目标的角度出发，探究某一地区的种植结构优化策略。从目标设定上来看，多数学者对于种植优化的目标设定集中在生态效益和经济效益两个方面，其中生态效益多以水资源利用效率为衡量标准，经济效益则多以农作物产量为衡量标准。原因在于价格这一因素在年份间的不确定性，为了便于对比，削弱了价格因素对衡量结果稳定性的影响。

第一章
导　论

　　值得一提的是，在衡量体系中之所以对于社会效益鲜有涉及，主要有两个方面的原因。一是社会效益的衡量问题，农业是整个社会的基础产业，其社会效益在于维持整个国家的稳定性，涉及各行各业、方方面面，很难以某一指标或指标体系来对农业的社会效益进行衡量，目前涉及社会效益衡量的研究文献，基本都以专家自身的研究经验为基础，形成单独的一套衡量体系，在研究上还不具备普遍性，未能达成共识。二是农业的三大效益之间存在内部关联，农业之所以能产生社会效益，就在于其能够提供农产品原料和维护环境，保障了后续其他产业的稳定发展和生态平衡，在满足经济效益和生态效益的前提下，社会效益的实现也能够得到有效保障。换言之，农业的经济效益、生态效益与社会效益之间存在一定的统一性。

（二）关于种植结构优化的研究方法

　　在研究方法上，多数是使用陈守煜（2001）提出的作物种植结构多目标模糊优化模型，该模型提出了用模糊定权的方法来确定指标权重，克服了目标函数中用线性评判指标来处理高度非线性多目标问题与确定权重的不足，在实际使用过程中，可以更好地考虑水资源节约所带来的经济效益、社会效益和生态效益，同时还阐述了农业水资源

013

节约与农业可持续发展之间的关系，为种植结构优化、水资源节约以及农业可持续发展之间建立了理论联系，并提供了具体的研究方法。周惠成等（2007）以黑龙江灌区为例，使用耗散结构理论和模糊数学理论，建立基于相对有序度熵的多目标种植结构调整合理性评价模型，进一步丰富了种植结构调整可以节约水资源这一观点的理论内容和研究方法。还有部分学者在多目标作物种植结构优化模型的基础上，通过引入其他算法，进一步加强了该模型结果的有效性和稳定性。马林潇等（2018）基于遗传算法的多目标作物种植结构优化模型，在水资源利用"三条红线"的约束条件下，以玉米、小麦、棉花等五种作物作为研究样本，为新疆玛纳斯县种植结构的优化调整提供了对策，结果表明，通过调整玉米、棉花等作物的种植面积，确实可以在稳定经济效益的同时，达到节约水资源的目的。

多目标模糊优化模型的优势在于可以综合考虑水资源节约带来的三种效益，并且可以依据不同环境对这三种效益的重要性和比重进行调整，但是对约束条件的考虑有所忽视，因此也有学者使用线性规划数学模型来进行实证研究，优势在于可以充分考虑各类限制条件，在目标转求较为单一的情况下，线性规划数学模型更为适合。例如，丁永建等（2006）同样是以水资源优化为目标，以新疆拜城县为例进行了种植结构调整优化研究，但是相比其他研究，该研究的关注点主要在于提升经济效益，在效益目标的考虑上较为单一，虽然在约束条件上的选择更为合理全面，不仅考虑了水资源总量约束，也考虑了粮食作物以及其他作物的种植面积约束，并且将总种植面积和分区种植面积的约束条件考虑在内，构建了线性规划数学模型。结果表明，通过种植结构调整，不仅能够减少水资源的使用量，而且能做到经济效益的提升。线性规划追求单一目标的特征虽然不适合进行水资源节约效益的衡量，但是在追求主目标的前提下，可以将其他目标转变为约束条件放入模型之中。李曼等（2015）研究疏勒河双塔灌区农业结构调整时，就使用了线性规划的方法，以实现经济效益最大化为追求目标，但是在约束条件的选择上，她不仅选择了灌溉用水供应量、农作物种植面积、作物类型、作物用水定额等条件，还将不降低社会效益和生态效益作为约束条件放入模型之中，确保在追求经济效益的同时，不会对社会效益和生态效益造成损害。结果表明，按照规划结果进行调整，可以让当地达到农作物总产值增加18%的效果。

林忆南等（2014）将多目标模糊优化模型和数据包络分析法相结合，在建立充分利用水资源、保障粮食安全、增加种植业产值和提高投资收益等多目标模糊优化模型的基础上，罗列了多个不同投入水平和粮食保障率下的优化方案，然后使用数据包络分析方法对上述方案进行分析，结果表明高资金投入的粮食供给型方案是该区种植结构优化调整的最佳策略，并在此基础上给予了详细的调整方案，两个方法的结合使最终结果具有了更高的可行性和可信度。胡川等（2015）使用灰色分析法分析了重庆市种植业的优化方案，首先通过灰色关联分析法分析了各类农作物播种面积和其他相关因素之间的关联程度，其次通过灰色模糊预测法预测了未来重庆市各类农作物播种面积的变化趋势，通过预测结果与其他因素之间的匹配性分析，发现其中的不合理之处，进而提出自己的改进建议。梁启章等（2019）在总结地方专家和经营者经验以及科学预测市场供需与经济期望的基础上，将多目标评估方法和对弈式智能化操作策略相结合，开发了基于种植业时空大数据的对弈式智能化软件平台，可产生区域种植结构优化方案，适用于种植结构优化或农业供给侧结构性改革等多目标问题，有效提升了结构优化规划方案的科学性与可行性。陈漫等（2022）在对西南地区农作物种植结构优化的研究中，运用比较优势理论，构建比较优势模型，测算了西南地区主要农作物的规模优势指数、效率优势指数和综合优势指数，建议当地政府按照不同作物的比较优势指数，尽可能优化农作物空间布局，构建适应市场需求的品种结构。

（三）关于种植结构优化效果的研究

在种植结构优化的效果上，多数学者都是以某一地区为例，通过实证分析调整前和调整后该地区在经济、生态等多方面的变动，衡量种植结构优化是否为改善农业生产结构的有效手段，并且在研究过程中，针对种植结构优化中存在的问题以及相应对策也进行了讨论。

1. 关于生态效益改善方面的研究

在生态效益方面，由于农业生产本身就是生态系统中的一个环节，涉及土地、水分、空气、能源等多个方面，在具体的衡量上无疑有很大难度，因此多数学者都是以水资源为代表变量来作为生态效益得以改善的衡量标准。

高明杰和罗其友（2008）以华北地区为例，考虑了在水资源约束的条件下当地种植结构的优化策略。在考虑经济效益、社会效益和生态效益的基础上，构建了当地以节水为主要目标的多目标模糊优化模型。结果表明，通过低耗水作物对高耗水作物的替代，能够在有效保障生产数量的前提下，提升当地的用水效率。不过在模型构建中，仅仅考虑了种植业这一个因素，对于与之相关的畜牧业、林业等因素并未考虑在内，但是从结果来看，依然可以认为，除了推广节水品种、节水灌溉技术等方式外，调整种植结构也是节约水资源的有效途径。

徐万林和粟晓玲（2010）以甘肃省武威市为例，利用传统节水潜力计算方法，在保障粮食安全、工业原料、畜牧饲料等需求的前提下，提出降低灌溉定额、提高灌溉系数、优化种植结构等三个途径。结果表明，相比传统农业可以节水13.3%。孙淑珍（2011）对河北省沧州和衡水两地的研究表明，在两地水资源总量稀少、时程分配不均的前提下，过度追求经济效益会导致当地生态环境脆弱，在考虑粮食安全的前提下，可以适当削减当地种植面积过多且耗水量巨大的玉米和小麦，发展其他节水作物或者旱作物，实现粮食安全、生态保护和经济效益的三元协调。侯庆丰（2013）将水足迹理论纳入种植结构优化的决策模型中，依据水足迹理论，可以将水资源分为绿水和蓝水，绿水是指植物根部的土壤存储的雨水，蓝水是指河流、湖泊和地下蓄水层中的水。从可持续发展的角度出发，应该最大限度地使用绿水资源，减少蓝水资源的过度损耗，因此在农作物种植结构优化的过程中，不仅要考虑水资源总量问题，还应该考虑各地区气候参数不同所带来的绿水和蓝水比例不同的情况，可以考虑在蓝水比例高的地区通过调整农作物种植结构和给予农户适当的补贴，鼓励种植低耗水的农作物，从其他区域购买高耗水作物产品，平衡区域间水资源压力。

梁美杜（2010）认为，多数以水资源节约为目的，进行农业种植结构优化的研究，都是以灌区为研究目标，但是这并不适合水资源稀缺、生态环境脆弱的西部干旱地区。因此，她提出了基于虚拟水理论的农业种植结构优化模型，在虚拟水理论中，贫水地区可以用贸易的方式从富水地区获取水资源密集型产品，实现粮食和水的安全，这一理论使得区域之间形成了联系，强调了区域间水资源的互动性。实证分析结果表明，增加虚拟水的贸易系数，可以减少当地粮食种植面积，增加蔬菜类种植面积，并且经济效益和用水效益都得以显著增加，但是对于其他区域的粮食依赖性也会随之升高。

除了水资源的节约，仇蕾等（2022）认为在多目标规划模型中，既然能够将水资源的三种效益考虑在内，那么，土地、水、能源等多项资源也都可纳入决策模型之中，因此构建了基于水—能—粮三者合一的粮食主产区农业种植结构优化模型。结果显示，我国的耕地总面积仍有增加的空间，玉米种植比例会有所下降，小麦、烤烟种植面积稳定，其他种植面积均有所增加，并且水足迹和能耗均能减少5%以上，这说明在保障各类产物最低产量的前提下，我国发展低耗水、低耗能的作物，可以在提高资源利用效率的同时改善区域农业生产的经济收益和生态效益，实现区域农业的可持续发展。

  上述的研究统一表明，进行种植结构优化，可以同时达到水资源节约和产量稳定这两个目的，但是在研究的过程中，基本上都是研究者赋予了固定的用水效率和作物生长系数，未能有效考虑在种植结构变动的过程中存在的风险问题，并且由于在多目标模糊优化模型中，受目标权重系数影响，决策目标往往具有较大的波动性，部分专家学者对此模型进行了进一步优化。谭倩等（2020）使用鲁棒规划方法，将权重系数中存在的复杂不确定信息纳入建模之中，形成多种模型结果，并且提供针对性的方案集合，以便研究者依据自身研究目标选择最优方案。结果表明，相比原先简单的权重系数模型，鲁棒规划方法的使用，可以极大地提升种植结构调整方案的稳定性以及抗风险能力。王禹植等（2022）以新疆玛纳斯河灌区为例，通过模糊集合理论建立了基于鲁棒规划的农业水资源多目标配置模型，有效降低了权重不确定性带来的波动影响，同时引入保护函数提升了系统整体的抗风险能力。

2. 关于经济效益改善方面的研究

除了以水资源为代表的生态效益，还有学者对种植结构优化促进产量的提升效应做了研究。周宏（2008）就指出，单产、播种面积以及区域结构调整是影响我国粮食产量的主要因素，并且在粮食作物中，这几个因素对于增产的贡献程度基本一致，虽然单产的贡献作用有削弱趋势，但是区域结构调整的作用仍然持续不断，这说明在科技进步达到一定门槛的时候，区域结构调整是提升产量的主要途径。薛庆根等（2013）研究了1985—2011年粮食产值的影响因素，认为在不同作物中，结构变动对于产值的影响方向相反，小麦、水稻的结构调整并不利于产值提升，但是玉米则表现出正向影响，这说明在产量提升的同时，小麦、水稻的价格有所下滑，因此在提高粮食产量的同时，还需要关注农民收入问题。朱晶等（2013）认为粮食当时能实现连增效果，主要在于粮食作物内部的结构调整，在当时"九连增"的背景下，粮食内部结构调整的贡献度达到26%，甚至在最高年份达到了67%，这说明种植结构调整，尤其是以高产作物代替低产作物，是提高粮食产量不可或缺的手段。田甜等（2015）做了类似的研究，结果也类似，认为结构调整在粮食增产中的贡献率可以达到28.68%。钟甫宁（2016）指出，在农村劳动力大量转移的背景下，粮食生产会因为要素投入变动而发生变化，在种植结构调整至更加适合机械生产的方向时，会有利于粮食产量的提升，相反，则有削弱的效果。

（四）关于种植结构优化战略的研究

上述关于生态效益和经济效益的研究成果多是针对某一固定目标进行调整，还有诸多学者从宏观层面出发，对我国的种植结构优化在战略上提出了对策和建议，这一部分的研究结果多以某一地区为研究样本，针对这一地区现有的种植结构、存在问题，按照当下的发展原则和目标，提出解决方案。这部分学者普遍认为，可持续农业是种植制度改革和发展的基本方向，而种植结构调整是实现农业可持续发展的重要途径，最终目标是实现农业可持续的高效生产。

刘亚琼等（2011）研究了北京市农作物种植结构调整和节水节肥方案，以降低施肥量和用水量为目标，土地资源作为约束条件，结果表明，在结构调整之后，北京市可以在不影响收益的情况下将施肥量减少15%，并且灌溉用水量和施肥减少量之间存在阶段性关联，呈现出先减少后增加的关系，不过从最终结果来看，即使实行最优调整方案，北京市仍然不具备供给当地的能力，依靠外地输送是必然选择，因此要尽快淘汰高耗水的水稻等作物，加强与河北、山东的区域间合作，建立农业合作关系，利用外部农业资源拓展北京农业发展空间。

曹雪等（2011）基于水资源约束条件对新疆库尔勒市的种植结构进行了优化分析，并且依据当地农作物自给率的高低和投资额度的高低提出了四种发展方案，然后使用超效率数据包络分析法对这四种方案的投入产出效率进行了评价，在得出高自给率低投资的种植方案最佳的情况下，不仅设定了未来各项农作物种植面积的调整方向和数量，还认为节水灌溉改造费的投资额度不应超过种植业总产值的3%，不然会造成投资过多。

刘旭科（2017）对陕西省宝鸡市的粮食种植结构进行了调研分析，认为宝鸡市虽然在粮食产量提升上取得了一些成果，但是粮食产业生产较为粗放、粮食内部结构不合理现象依然突出，具体表现为玉米播种面积过大，优质小麦、杂粮种植面积较小。针对这一问题，围绕农业供给侧结构性改革，提出坚持以市场需求为导向的调整原则，在保障粮食生产总量平衡的基础上，推广良种、农机农艺融合，培育新型经营主体，提高节水、节肥、节药等技术采用面积，并且依据各地地形以及灌溉条件，设置小麦—玉米主产区、优质小麦产区、优质杂粮产区等特定产区，实现当地粮食产业种植结构优化调整的目的。

陈玉洁等（2016）研究了东北地区西部粮食生产的时空格局变化，发现玉米、水稻两种作物种植面积增加明显，大豆种植面积则有明显缩减，粮食增产的主要贡献来自种植面积扩大和粮食单产的提升，粮食作物种植结构对于增产的贡献度较低。东北地区的粮食产量虽然在过去一个阶段提升明显，但是生态安全评分也处于较低水平，部分区域甚至处于不安全级别，在考虑耕地生态安全和农民收入的情况下，需要合理有序地削减当地的玉米播种面积。

鲍树忠（2020）提出，加入WTO、国民经济消费特征的变化以及我国农业经济发展水平的提升，对农业种植结构产生了深远的影响，农业发展在不同阶段的需求也产生了一定的变动，土壤、水资源和肥料是对种植结构影响较为突出的三大要素，维护土壤水平、优化水资源环境和优化种植技术是种植结构调整中必须重视的三项工作。

（五）关于不同产业种植结构优化的研究

在人工草地牧草种植结构优化方面，研究文献较少，主要原因在于牧草种植模式的复杂性，与多数种植业作物不同，牧草行业的发展与畜牧业息息相关，在考虑牧草的种植结构优化时，必须将畜牧业也纳入决策模型之中。另外，由于畜牧业的特性，牧草种植区具有休牧、轮牧、禁牧、放牧等多种情形，这使得牧草行业的种植模式具有十分明显的行业特征，也增加了种植结构优化的难度和复杂度。朝伦巴根等（2006）使用响应矩阵法将牧草生育期耗水量、灌溉抽水量及抽水量对地下水水位降低的响应关系嵌在一起，在对当地人工草地基本情况进行了详细了解的前提下，建立了确定地下水资源可持续利用决策的非线性多目标模型，通过对所有可行决策的优劣程度进行排序，得出了人工草地牧草的最佳种植结构方案。

三、种植结构优化的主要研究内容和目的

（一）种植结构优化的主要研究内容

依据上文中描述的种植结构优化，对本书所研究的种植结构优化进行具体的概念界定，就是以我国的粮食、油料、蔬菜、饲草等重要农产品为研究对象，并从中挑选出具有代表性的重要品种作为研究样本，在综合分析我国当下生产能力、市场需求、环保压力、贸易条件等因素的前提下，以种植面积和区域分布为主要研究内容，论证我国未来一定时期内这些重要品种种植结构优化的调整方向。

具体而言，本文的研究内容主要分为以下四个部分。

第一部分是对我国种植结构演变历史规律和影响因素的分析。首先对我国在之前的历史阶段各类种植作物的种植结构变化进行描述性分析，弄清楚不同品种在播种面积以及播种区域上的变化规律，同时因为种植业的结构优化有着明显的阶段性，在不同的阶段，调整方向也有明显区别，因此在进行种植业优化调整之前，还需要弄清楚在目前的时代背景和市场特征下，种植业的结构调整处于哪个阶段，针对不同类的品种，在数量和质量上都应满足何种要求。只有弄清楚这些问题，才能在种植结构的优化调整过程中有的放矢，在以上研究的基础上，在自然条件、社会经济、政府政策等层面分析其对不同品种种植结构变动的影响程度，以及未来我国种植业可能的调整方向。

第二部分是分析产业支持保护政策对种植结构的影响。我国是人口大国，保障粮食安全问题始终是国民经济平稳发展的头等大事，为确保粮食安全，通过政策手段对农户种植决策进行干预是必不可少的，但是产业支持保护政策究竟对农户的种植决策产生了何种影响，又在多大程度上影响了种植结构调整，仍然是一个值得探讨论证的话题。通过分析历史上最低收购价对粮食产业的影响，再结合第一部分分析出未来我国种植业结构的调整方向。

第三部分是分析产业政策对种植业结构的影响。产业政策是进行种植业区域结构调整的有效手段，本书以玉米和小麦为例，分析政策执行对该品种播种面积的影响程度和方向，以实证分析来确定政策的具体效果。通过对比政策执行前、政策执行期和政策取消之后这三个阶段播种面积的变化，弄清楚产业政策在种植业调整过程中究竟发挥何种作用，为我国产业支持政策如何进一步配合种植业区域结构调整提供一定的参考。

第四部分是针对我国种植结构协调调整的策略研究。基于我国人多地少的基本国情，各种植业之间互相争地是不可避免的局面。除此之外，种植业本身还需要面临与林业争地、与工业争地、与房屋争地的局面，因此，种植结构的调整不光需要计算整体面积和布局，还需要考虑调整过程中与其他产业发展之间的协调问题，这部分内容就是在以上研究的基础上，对此问题做出一定研究，并提出相关建议。

（二）主要研究目的

本书的研究目的主要有四个：一是对我国当下种植结构现状以及未来发展方向做出一定判断，分析我国未来一定时期内种植结构调整的主要方向；二是弄清产业政策对我国种植结构调整的影响和程度，及其内在的影响机制，结合上文中我国种植结构调整方向，为政策变更以及制定提供一定的参考；三是分析在国际贸易市场的补充作用下，我国各类农产品具备了多大的缓冲空间，充分利用国际、国内两个市场，保障农产品供应充足，最大限度地缓解我国的资源环境压力；四是在前三个研究的基础上，提出我国多元化种植结构协调发展的策略，为我国种植结构调整提供一定的参考和政策建议。

第二章
我国种植业结构调整历程及特征

一般而言,种植结构调整是农户最基础的种植决策单元,为了追求自身效益,在政府目标、市场环境以及气候条件等因素的限制下,从所有可选择的种植决策中选取最优策略。需要注意的是,由于收入结构、家庭结构等因素的不同,农户在作出种植决策时并不一定以追求经济效益最大化为前提,例如兼业农户会因为农业收入占比较低,更加倾向于选取投入较少、田间管理更加轻松的品种。除此之外,因为不同作物的自然生长禀赋不同,在同一环境下不同作物也会展现出不同的比较优势,这使得农户的种植决策选择会具有多样化的特征,随着时代发展,政策、市场、气候、农户特征等因素都会改变,可供选择的种植决策以及最优的种植决策也会随之变化,这也是种植结构会随着时间变动而发生调整的底层逻辑。

为了对我国种植结构调整在过去一个历史阶段的变化进行梳理,同时为了兼顾多个产业进行调整时的互动性以及时效性，本研究选取粮食作物、油料作物和经济作物作为分析对象。由于粮食作物需要同时考虑到口粮以及饲料粮的调整过程，因此选取稻谷、小麦作为口粮的分析品种，玉米、大豆作为饲料粮的消费品种，其中由于大豆兼具榨油和饲料两种用途，还可作为油料作物的分析品种。经济作物中由于涉及产业过多，牵扯经济林木、蔬菜、花卉等多个品种，因此选取覆盖面广且具备代表性的蔬菜进行分析。在时间范围上，不同历史阶段的时代背景特征迥异，为了使分析结果更具时效性，对未来趋势的分析更加准确，因此，选取2003—2020年为分析样本。原因在于，2003年开始我国连续多年颁布中央一号文件来促进农业生产，并且持续到2022年依然如此，同时针对各类作物生产还颁布了相应的生产补贴政策，如最低收购价政策、农机购机补贴政策等。在农业政策环境上，2003年是我国农业政策转变的分水岭，因此，以2003—2020年作为分析样本是符合我国当下的政策环境的。在具体分析内容上，主要关注播种面积总量、地区分布以及集中度这三个部分。

第二章
我国种植业结构调整历程及特征

一、稻谷种植结构调整历程及特征

（一）稻谷播种面积变化特征

长期以来，稻谷是我国种植面积最广、产量最高的口粮作物，其播种面积的稳定性以及产量的稳定供给时刻关系着我国的粮食安全问题。在2003年之前，受改革开放思潮的影响，国家市场经济体制处于改革进程之中，国家整体政策环境放开，农户在种植决策上拥有了更大的话语权，农户对于经济作物的种植意愿开始加强，再加上农户外出务工趋势开始展现，收益较低的粮食作物播种面积开始缩减，严重威胁到了我国的粮食安全。也正因为如此，2003年，国家开始出台一系列政策以支持农业发展，尤其在保障粮食安全上，投入了不少的财政资金，也换来了我国以稻谷为代表的粮食作物种植面积的增加。2003—2017年，我国稻谷的播种面积一直都呈现出增长的趋势，从26508千公顷增加到30747千公顷的历史最高值。之后虽然受土地播种总量的限制以及其他产业发展的要求，稻谷播种面积增长趋势出现停滞，并且在部分年份如2019年和2021年出现了下滑现象，整体来看，还是维持在了30000千公顷左右的水平，并未出现大幅下滑（见图2-1），而且由于单产水平的提升，我国稻谷的总产量并未因为播种面积的波动而出现下滑。因此可以认为，在播种面积上，我国稻谷的播种面积虽然已经无法再重现之前一个历史阶段的稳定增长态势，但是由于国家对粮食安全的高度重视以及稻谷作为消费量最高的口粮在我国国民经济中的特殊地位，预计稻谷的播种面积总数在未来并不会有太大的变动。可能随着科技进步、高标准农田的建设以及我国人口结构的转变和消费习惯升级，我国对于口粮的消费量会有一定减少，带动稻谷播种面积有小幅度的下滑，但是考虑到我国作为人口大国对粮食安全的重视程度，下滑幅度也不会太大。

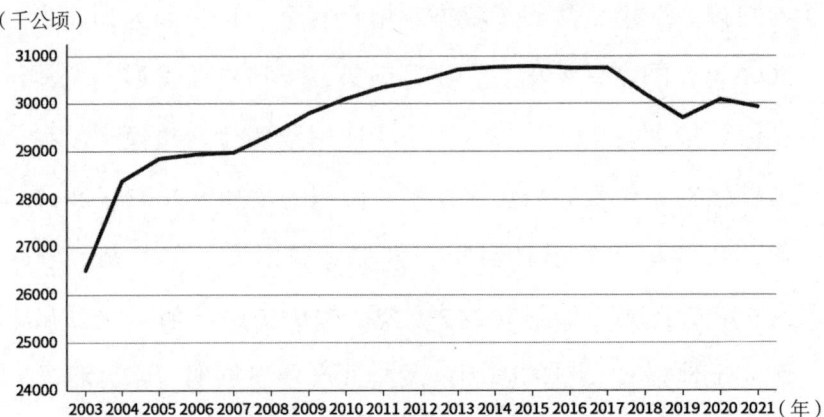

图2-1　2003—2021年我国稻谷播种面积变化情况

（二）稻谷区域结构变化特征

由于农产品比较优势区的存在，在不同地域有着不同的优势品种，并且随着时间推移，受政策、气候、基础设施等多方面因素的影响，区域优势也会发生变动，这也会导致不同品种在区域之间的种植面积发生转变，稻谷也不例外。按照我国综合的地理区位划分，可分为东北、华东、华北、华中、华南、西南、西北7个地理区位，分析2003—2020年各个地理区位稻谷播种面积的变化趋势。首先从播种面积上来看，华东地区、华中地区的播种面积都较为稳定，且一直是我国水稻的主产区。这两个区域占全国稻谷总面积的50%以上。其次为东北、华南、西南等地区。华北和西北地区由于气候条件差异，并不适合水稻种植，因此各个区域占全国水稻播种面积的比例都不足1%。从变动情况来看，东北地区在过去十余年内，是唯一一个水稻面积有大幅度增加的区域，由2333千公顷增加到5229.5千公顷，全国稻谷播种比例从8.80%提升至17.39%，上涨接近1倍。而华南和西南地区的水稻播种面积则有所减少，其中华南播种面积由4795.4千公顷减少至3822千公顷，比例从18.09%下降至12.71%，下降近1/3；西南播种面积由4433.5千公顷减少至4008.6千公顷，比例从16.73%

下降至13.33%，下降幅度略低于华南地区，并且两个区域内部的省份播种面积都统一呈现出下降趋势。其次从变动趋势上来看，各区域之间的变化特征虽然都较为显著，华东、华中、华北、西北地区保持平稳，东北地区上涨，华南和西南地区下降，但是这一变动在2015年前后已经基本定型，在2015年之后，我国水稻的区域结构已经不再进行太大调整，从这一点上来看，可以认为在这一历史阶段内，我国稻谷的区域结构调整已经基本完成，在未来一段时间内都会保持现有态势（见表2-1）。

表2-1 2003—2020年各区域稻谷种植面积比例变化情况

年份	东北	华东	华北	华中	华南	西南	西北
2003	8.80%	32.65%	0.58%	21.58%	18.09%	16.73%	0.98%
2004	9.63%	33.75%	0.64%	22.23%	17.02%	15.94%	0.99%
2005	9.96%	34.27%	0.67%	22.42%	15.73%	15.65%	1.01%
2006	11.34%	33.93%	0.68%	22.38%	15.47%	15.32%	0.97%
2007	12.46%	33.47%	0.71%	22.57%	14.98%	14.91%	0.91%
2008	13.40%	33.21%	0.67%	22.22%	14.74%	14.81%	0.95%
2009	13.38%	33.08%	0.70%	22.81%	14.51%	14.57%	0.94%
2010	14.80%	32.68%	0.64%	22.61%	14.18%	14.19%	0.91%
2011	15.63%	32.26%	0.64%	22.60%	13.87%	14.07%	0.92%
2012	14.37%	32.19%	0.65%	22.70%	14.04%	14.50%	0.93%
2013	16.86%	31.52%	0.73%	22.90%	13.32%	13.84%	1.25%
2014	16.96%	31.71%	0.61%	23.05%	13.12%	13.65%	0.89%
2015	16.78%	31.80%	0.62%	23.67%	12.81%	13.47%	0.84%

续表

年份	东北	华东	华北	华中	华南	西南	西北
2016	16.92%	31.80%	0.69%	23.58%	12.67%	13.44%	0.89%
2017	17.12%	31.90%	0.74%	23.49%	12.53%	13.36%	0.86%
2018	16.93%	32.08%	0.89%	23.25%	12.54%	13.42%	0.88%
2019	17.38%	31.94%	0.97%	22.76%	12.58%	13.58%	0.79%
2020	17.39%	31.96%	0.98%	22.91%	12.71%	13.33%	0.72%

（三）稻谷种植集中度变化特征

从上文对种植区域结构变化的分析来看，我国稻谷的种植集中度偏高，主要集中在华东和华中两个区域，但是在过去十余年间，播种面积并未有大幅度增加，东北地区则表现出种植面积不断增加，所占比例不断提升的态势，这说明我国的稻谷种植在区域之间并未展现出明显的集中化趋势，只是在部分区域之间进行调整优化。具体到省（区、市）来看，依据各省（区、市）稻谷的种植面积，将各省（区、市）划分为第一产区、第二产区和第三产区，其中第一产区的播种面积在样本区间内多数年份均能达到1500千公顷以上，第二产区则能将多数年份保持在500千—1500千公顷，播种面积在500千公顷以下的省（区、市）归入第三产区（见表2-2）。

结构优化
我国多元化种植结构协调发展策略研究

表2-2　各省（区、市）稻谷产区类型划分

产区划分	省（区、市）
第一产区	湖南、黑龙江、江西、安徽、湖北、江苏、四川、广东
第二产区	广西、云南、贵州、重庆、浙江、河南、福建、辽宁
第三产区	海南、内蒙古、山东、陕西、上海、河北、宁夏、天津、新疆、甘肃、山西、西藏、北京、青海

计算每个产区在不同年份占据全国总播种面积的比例，第一产区加第二产区占全国的比例每年都保持在96%左右的水平，说明第三产区的播种面积比例也相对稳定，但是第一产区在全国的比例中，2003年为73.10%，2020年已经提升到了79.00%（见图2-2），这说明稻谷的播种面积存在由第二产区向第一产区集中的现象。其中，第一产区面积增加最多的省份为黑龙江，第二产区的广西、云南、

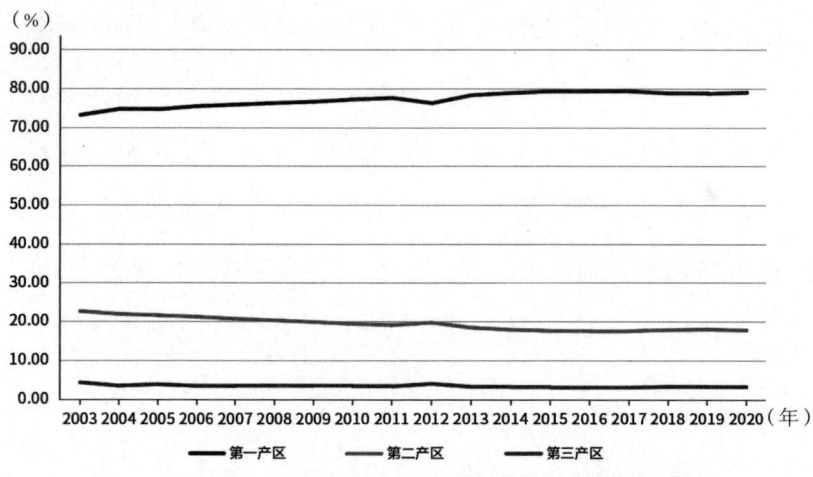

图2-2　2003—2020年产区稻谷播种面积比例变化情况

贵州、重庆等南方省（区、市）播种面积都有所下降，这也符合上述对区域结构变化的分析结果。

二、小麦种植结构调整历程及特征

（一）小麦播种面积变化特征

小麦是我国除稻谷之外的另一种主要的口粮作物，从总的播种面积上来看，由于二者在国民经济中的作用及地位基本类似，在全国范围内总的播种面积变化特征也有些相同之处。在2003年之前，受自由市场经济思潮的影响，在种植小麦经济效益下降的情况下，部分农户选择放弃小麦转为种植其他作物，或者是放弃务农，直接进城务工，但无论是哪种选择，结果都使小麦播种面积缩减。后来在2003年，党中央开始加大农业补贴力度，小麦的播种面积开始回升。2003—2005年是我国小麦播种面积增加最为迅速的时期，2006—2015年，我国小麦播种面积进入相对平稳的阶段，每年的播种面积都稳定在24000千公顷的水平上，在2015年小麦播种面积达到了历史最高点，为24666千公顷，之后小麦播种面积开始缩减，2019年缩减至23380千公顷，2020年略有增加，达到23570千公顷。综上，小麦播种面积的变化在2003年之后基本也可以划分为三个阶段，

结构优化
我国多元化种植结构协调发展策略研究

2003—2005年的快速增长期，2006—2015年的平稳增长期，以及2015年之后的略有下滑阶段（见图2-3）。不过从小麦的总产量来看，2016年之后，我国小麦的播种面积虽然略有减少，但是小麦总产量并未受到太大影响，原因在于基础设施完善、科技进步以及农户种植技术等方面的利好，使单产水平不断走高，而且播种面积的缩减幅度并不明显，所以总量并未受到太大影响。这一情况也从另一个角度说明，我国小麦的种植面积虽然有一定的调整空间，但是也仍然需要以保证我国粮食总产量为基本前提。在未来，单产水平的提升以及人口数量的减少，才是影响我国小麦播种面积的最主要因素。

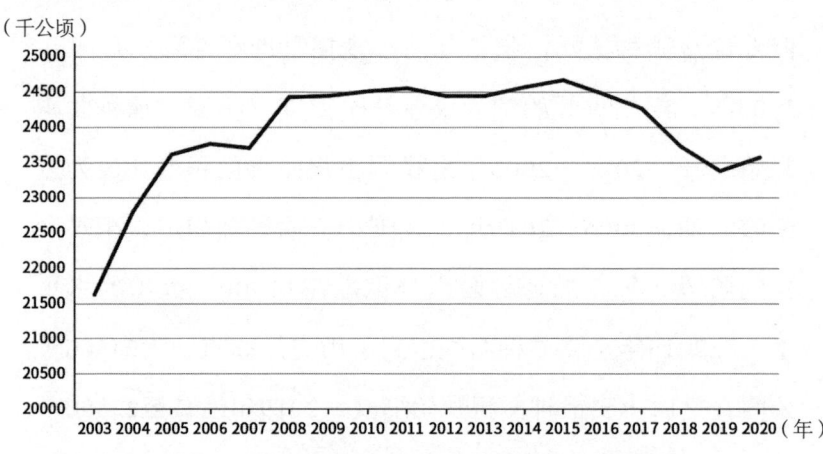

图2-3　2003—2020年小麦播种面积变化情况

（二）小麦区域结构变化特征

按照上文对稻谷区域结构变化的分析，也将我国小麦种植省份划分为7个地理区位。在2003年，我国小麦种植相对来说集中在华东、华北、华中、西南和西北等5个区域，其中华东、华中是我国小麦种植面积最大的区域，播种面积比例分别达到31.72%和25.41%，并且在以后几年还一直在提升。在2020年，华东地区占比已经达到了40%左右，而华中地区占比也接近30%，两个区域占比达到全国小麦总播种面积的七成左右，并且这两区域还是我国最主要的两个稻谷产区，足以说明华东和华中地区在保障我国粮食安全中所发挥的作用以及重要性。除了华东和华中地区，华北、西南、西北地区也是小麦的主产区域，不过3个区域之间的变化趋势并不相同，华北地区年占比在15%左右，相对较为平稳，十余年间并未有太大变动。西南地区和西北地区则表现出下降态势，其中西南地区从2003年的12.45%下降到2020年的4.68%，并且还在持续萎缩；西北地区虽然也有所下降，但是下降幅度不大，仅从15.01%下降至12.43%，并且在2017年之后，下降趋势已经有所收缩。考虑到新疆近几年小麦播种面积持续上涨这一现实情况，西北地区在未来很有可能还会是我国小麦的主要种植区域之一。从变动趋势上来看，华东、华中两个区域上涨，华北保持稳定，西南、西北两地有所减少。但是可以看到在2017年前后，这几大区域之间的调整基本都已完成，各区域的结构状况在近几年都保持稳定，这说明我国小麦区域结构调整已经基本完成，在未来一段时期内，播种面积可能会有所变动，但是各区域所占比例应该不会受到太大影响。

表2-3　2003—2020年各区域小麦种植面积比例变化情况

年份	东北	华东	华北	华中	华南	西南	西北
2003	1.18%	31.72%	15.47%	25.41%	0.08%	12.45%	15.01%
2004	1.22%	29.55%	14.68%	24.29%	0.08%	11.30%	13.72%
2005	1.23%	29.95%	15.72%	24.39%	0.08%	11.12%	14.18%
2006	1.06%	33.12%	16.05%	26.26%	0.02%	8.94%	13.52%
2007	1.06%	34.31%	16.08%	26.78%	0.02%	9.00%	13.05%
2008	1.04%	33.92%	15.31%	25.88%	0.02%	8.30%	12.63%
2009	1.24%	34.76%	15.59%	26.01%	0.02%	7.91%	14.46%
2010	1.17%	35.10%	15.88%	26.19%	0.02%	7.49%	13.95%
2011	1.24%	35.77%	15.69%	26.48%	0.01%	7.17%	13.52%
2012	0.89%	34.75%	16.25%	26.96%	0.01%	8.59%	13.41%
2013	0.57%	37.31%	15.84%	27.29%	0.01%	6.42%	13.02%
2014	0.62%	37.66%	15.59%	27.34%	0.01%	5.95%	12.83%
2015	0.30%	38.37%	15.46%	27.48%	0.02%	5.52%	12.98%
2016	0.34%	38.93%	15.26%	28.06%	0.02%	5.20%	13.08%
2017	0.44%	38.98%	15.36%	28.42%	0.01%	5.04%	12.74%

续表

年份	东北	华东	华北	华中	华南	西南	西北
2018	0.47%	39.87%	15.32%	28.95%	0.01%	4.94%	12.70%
2019	0.26%	39.74%	15.04%	28.86%	0.01%	4.83%	12.74%
2020	0.24%	39.09%	14.19%	28.55%	0.02%	4.68%	12.43%

（三）小麦种植集中度变化特征

通过上文对小麦区域结构变化的分析来看，小麦在华东、华中两区域的播种占比高达七成左右，而稻谷在这两个主产区域的占比仅为五成左右。单从这一点上看，可以认为小麦的种植集中度要高于稻谷，而且各个区域之间，除了华北地区，其余区域的占比均有明显变化。为了进一步弄清小麦种植集中度的变化情况，我们继续以省（区、市）为单位，按照各省（区、市）的播种面积对其进行具体划分，其中第一产区各省（区、市）的播种面积都保持在2000千公顷以上，第二产区的播种面积为500千—2000千公顷，并将500千公顷以下的划分到第三产区。值得一提的是，海南历年来小麦播种产量都为0，所以不会将该省份划分进任何一个产区，除此之外，湖北是唯一实行了小麦最低收购价但是被划分进第二产区的省份。近几年新疆的小麦播种面积也有较大幅度的提升，种植面积已经超过湖北，而且陕西的播种面积与湖北差距不大，综合考虑下，还是将湖北与新疆、陕西一起划归入第二产区（见表2-4）。

表2-4 各省（区、市）小麦产区类型划分

产区划分	省（区、市）
第一产区	河南、山东、安徽、江苏、河北
第二产区	新疆、湖北、陕西、甘肃、四川、山西、内蒙古
第三产区	云南、贵州、天津、青海、浙江、宁夏、黑龙江、西藏、湖南、重庆、江西、北京、上海、吉林、广西、辽宁、广东、福建

在以上产区划分的基础上，计算各个产区历年占全国小麦种植总面积的比例。其中，第一产区在2003年占比为62.68%，在2020年提升到了72.66%；第二产区和第三产区都表现出下降趋势，第二产区从2003年的26.23%下降至2020年的23.03%，第三产区从2003年的11.08%下降至2020年的4.30%。这说明在过去十余年间，我国小麦的种植集中度在不断提升，并且在不断地向第一产区靠拢。这一变化趋势符合现实情况，第一产区相对于其他产区势必在自然资源禀赋上更加适合小麦生产，更大面积的小麦种植也会更有利于推广新技术、新设备，更容易形成规模优势来降低成本。另外，从政策角度出发，第一产区相对于其他产区，也得到了政府财政的更多照顾，以小麦最低收购价为例，就只在第一产区以及湖北实施，其他省（区、市）并不是小麦最低收购价格的执行省（区、市），因此在资

源优势和政策优势下，小麦向优势省（区）集中是必然现象。除此之外，小麦的播种面积其实有断档现象，第一产区播种面积最小的是河北，每年的播种面积都在2000千公顷以上，但是第二产区播种面积排前三位的省（区），都仅仅是1000千公顷刚出头，优势省（区）和非优势省（区）之间如此悬殊的差距，再次证明了小麦在我国是一个种植集中度较高的品种。

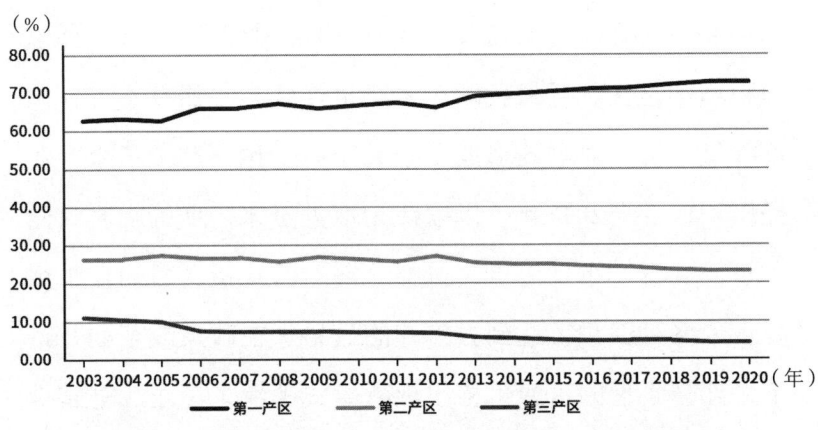

图2-4　2003—2020年小麦产区播种面积比例变化情况

三、玉米种植结构调整历程及特征

（一）玉米播种面积变化特征

玉米是我国三大谷物之一，除了在农业领域可做口粮及饲料外，在工业领域也有广泛用途，因此玉米与稻谷、小麦相比，具有相关产业链更长，附加价值更高的特点。而且，玉米的单产水平更高，亩均收益也更高，由于需求端的优势以及比较效益更高的特点，玉米一直是我国播种面积最高的谷物。与稻谷和小麦类似，玉米的播种面积快速上涨也是在2003年政府加大涉农补贴之后。不过，玉米播种面积的增加幅度更快，在2003年，全国玉米的总播种面积仅为24066千公顷，之后一路增加到2015年的最高值44968千公顷，增加幅度达到86.8%。也正是玉米的种植面积增加过快，导致我国玉米产量连续多年居高不下，库存数量过多，对财政造成了极大压力，也不利于玉米产业提质增效。到2016年，国家决定取消玉米产业的临时收储政策，实行"市场定价、价补分离"的政策，目的在于削减玉米播种面积，达到去库存的效果。在政策改革的背景下，部分省份的玉米价格出现断崖式下滑，黑龙江等省份的玉米价格从原先的1.2元/斤下降到了0.8元/斤，下降幅度达到1/3，部分地区甚至更为严重，在价格遭遇如此大打击的情况下，农户种植意愿也自然遭受重大挫折，玉米播种面积出现明显下滑。不过在玉米库存消化完毕之后，玉米市场价格也出现回暖，到2020年，玉米播种面积缩减趋势已经有所缓和。总的来看，玉米的种植面积受到政策影响的程度较大，不过更为直接的因素是价格因素，政策变化最终也会影响到价格,进而影响到农户种植意愿。并且由于玉米的产业价值链较长,可加工产品品类较多,目前也已经形成市场定价的格局,在产业链长度足够的情况下,玉米价格变动会具有更大的缓冲空间。因此,玉米产业虽然已经失去了政策的托底优势,但是玉米价格也不会出现巨大的变动,预计在未来一段时间内,玉米价格相对会比较平稳,播种面积也会进入相对稳定的时期(见图2-5)。

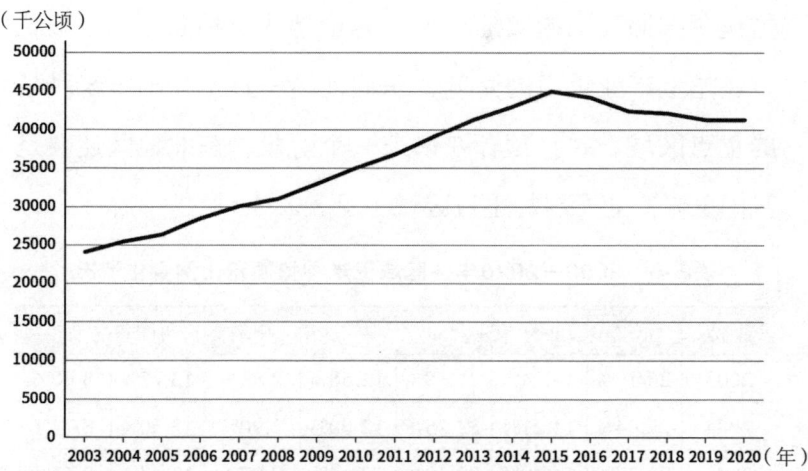

图2-5　2003—2020年玉米播种面积变化情况

(二)玉米区域结构变化特征

同样是依据地理位置,将玉米划分为7个主要区域进行分析,其中东北、华北是我国玉米的主产区域,二者播种面积占到全国玉米总播种面积的五成以上，华中、华东、西南播种面积较为接近，占比基本都为11%~14%，相差1个百分点左右，西北地区播种面积占比常年都较为稳定，在8.50%左右的水平。与稻谷和小麦两个品种相比，玉米区域结构变化最明显的特征就是较为稳定，只有东北地区的占比有一定幅度的变化，从2003年的25.19%提升到2020年的30.21%，即使是在2015年，东北地区占比最高的年份也仅为32.32%。除了东北区域，其他区域的变动都不明显，这说明按照我国的实际情况，无论是从播种面积、政策执行还是从产业重组的角度，东北地区一直是我国玉米种植的重点区域，并且预计在未来一个阶段，东北地区还会是我国玉米产业发展的重点区域（见表2-5）。

表2-5　2003—2020年各区域玉米种植面积比例变化情况

年份	东北	华东	华北	华中	华南	西南	西北
2003	25.19%	14.94%	21.58%	12.58%	2.85%	13.77%	8.60%
2004	27.04%	14.21%	22.25%	12.00%	2.90%	13.50%	8.77%
2005	28.77%	14.49%	22.48%	12.19%	2.87%	13.47%	8.57%
2006	28.44%	13.77%	22.00%	11.87%	2.29%	13.07%	8.18%
2007	29.91%	13.51%	21.87%	11.69%	2.12%	12.96%	7.94%
2008	28.41%	13.73%	22.62%	11.90%	2.06%	13.00%	8.27%
2009	28.78%	13.51%	22.67%	11.92%	2.13%	12.71%	8.28%
2010	29.30%	13.25%	22.46%	11.74%	1.99%	12.58%	8.68%

续表

年份	东北	华东	华北	华中	华南	西南	西北
2011	29.63%	13.21%	22.56%	11.80%	1.99%	12.31%	8.51%
2012	31.04%	11.34%	21.68%	11.69%	2.00%	10.42%	8.29%
2013	31.43%	12.80%	21.64%	11.71%	1.81%	11.70%	8.50%
2014	31.47%	12.93%	21.72%	11.90%	1.65%	11.57%	8.31%
2015	32.32%	12.91%	21.26%	11.94%	1.66%	11.29%	8.14%
2016	30.69%	13.40%	21.92%	12.17%	1.65%	11.66%	8.51%
2017	30.00%	13.73%	21.98%	12.17%	1.69%	12.00%	8.45%
2018	31.48%	13.54%	21.73%	12.01%	1.68%	11.13%	8.44%
2019	30.93%	13.81%	22.08%	11.91%	1.71%	11.14%	8.44%
2020	30.21%	13.96%	22.29%	12.01%	1.76%	11.12%	8.66%

（三）玉米种植集中度变化特征

按照种植面积，将各省（区、市）划分到各个产区之中（见表2-6），第一产区播种面积都在2500千公顷以上，第二产区播种面积都在1000千—2500千公顷，1000千公顷以下的省（区、市）都划分到第三产区，其中，第一产区多为东北和华北地区，第二产区较为分散，多在西南和西北地区，但是这两个区域在全国玉米播种面积的占比并不大，也就是说这两个区域虽然整体占比不高，但是依然有部分省（区、市）有着较高的播种面积。

表2-6 各省（区、市）玉米产区类型划分

产区划分	省（区、市）
第一产区	黑龙江、吉林、山东、内蒙古、河南、河北、辽宁
第二产区	四川、云南、山西、安徽、陕西、新疆、甘肃
第三产区	湖北、广西、江苏、贵州、重庆、湖南、宁夏、天津、广东、浙江、江西、北京、福建、青海、海南、西藏、上海

依据以上的划分标准，对各个产区在2003—2020年的播种面积占比进行分析（见表2-6），结果表明，与小麦和稻谷相比，虽然3个品种的播种面积变动趋势都较为一致，但是玉米是在全国范围内有较为普遍的增长，并未明显地偏向于某一区域。2003—2020年，第二产区的播种面积比例都较为稳定，保持在23%左右；第三产区略有下降，从2003年的14.25%下降到9.75%；第一产区有所增长，从2003年的62.36%提升到2020年的66.39%。从各产区所占的比例以及变动趋势来看，玉米相对于稻谷和小麦而言，属于集中度较低的品种，原因主要有两个方面：一是玉米并未表现出明显的集中趋势，各个产区之间比例没有明显变化；二是与两个品种相比，玉米种植在各个产区之间的差距并不明显，第一产区的占比不足七成，而稻谷和小麦第一产区的占比都超过七成，并且第三产区的占比也明显高于这两个品种，稻谷和小麦在第三产区的占比都在5%左右，但

是玉米可以保持在10%左右，因此可以认为玉米的种植集中度在三大谷物之中并不高。

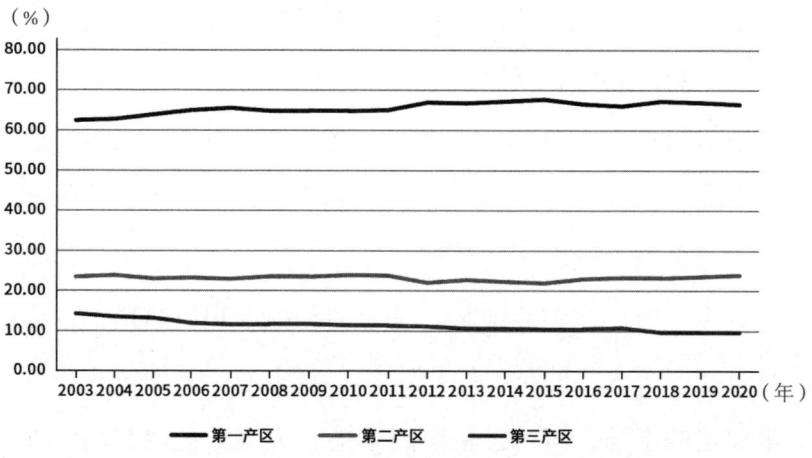

图2-6　2003—2020年玉米产区播种面积比例变化情况

四、大豆种植结构调整历程及特征

（一）大豆播种面积变化特征

大豆是主要的油料作物和饲料作物，蛋白质含量丰富，并且价格相对低廉，是低收入人群获取蛋白质的主要来源，在国民经济以及居民膳食安全中都占据着十分重要的地位。与三大谷物不同的是，在2003年之后，种植大豆虽然也可以享受到涉农补贴，但是由于当时我国刚加入WTO，在入世谈判的过程中，农业领域做出了较大的让

结构优化
我国多元化种植结构协调发展策略研究

步。根据谈判结果，大豆在我国的关税被定为3%的固定关税，完全无法抵挡外来大豆的冲击，在国外大豆低价的影响下，2003年之后我国大豆种植不但未增加，反而是持续缩减，到2015年，我国大豆种植面积仅有6827千公顷，大豆进口量连续十多年不断增加，近几年大豆进口量年均已经高达1亿吨左右。另外大豆的种植面积还受三大谷物的挤压效应影响，在农作物种植各项补贴的影响下，玉米的收益更高，所以在东北地区，玉米的种植面积快速增加，相对也挤压了大豆的种植面积。2015年之后，受临时收储政策取消的影响，玉米价格快速下滑，大豆虽然也在临时收储政策执行范围之内，但是相对于玉米来说，大豆并未在此政策之中获得较大收益，所以临时收储政策的取消对于大豆产业也并未造成太大影响。因此在2015年之后，玉米的种植面积在东北地区开始减少，大豆的种植面积开始出现明显增加；2019年，大豆种植面积恢复到9332千公顷，基本达到了2003年的水平。并且在2019年，由于大豆在国民经济中的重要地位，为弥补产需缺口，积极应对复杂多变的国际形势，农业农村部办公厅出台了《大豆振兴计划实施方案》，目的在于加强大豆优势区生产能力建设，推进科技创新和示范推广，扩大种植面积，提高单产水平，改善产品品质，延伸产业链条，增加我国大豆的有效供给。因此，大豆种植面积还在继续增加，到2020年已经达到了9882.5千公顷，并且预计在未来一段时间，我国大豆的种植面积还将继续增加（见图2-7）。

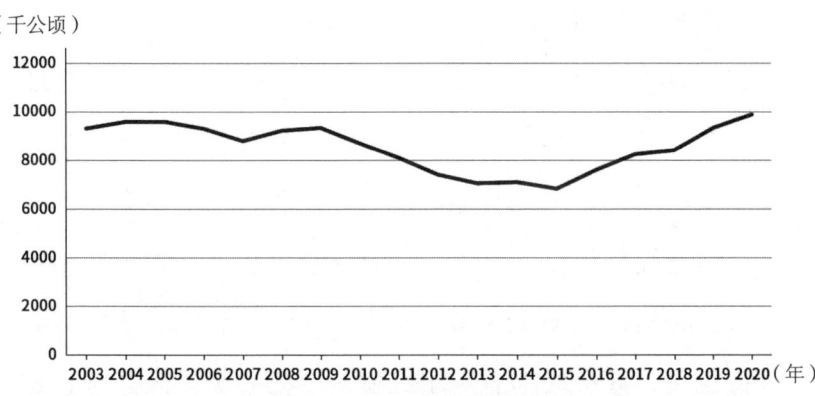

图2-7　2003—2020年大豆播种面积变化情况

（二）大豆区域结构变化特征

将大豆分为7个区域进行分析，可以看出我国大豆种植主要集中在东北地区，近几年，东北地区的大豆播种面积已经达到全国大豆总播种面积的一半以上。华东、华北、华中、西南也是我国大豆的主产区域，不过除了华北、西南地区，华东、华中两个地区的大豆种植比例都在下降。华北地区的大豆种植比例保持相对稳定，而西南地区的大豆种植面积则是有所增加，原因可能是西南地区三大谷物种植面积较少，而且西南地区多山，地形较为复杂，土地都较为零散贫瘠，而大豆因为根瘤菌的存在，根部具备很好的固氮效果，很适合在土地相对贫瘠的地方种植，所以在西南地区，大豆的种植面积在过去十余年间有一定幅度的增加。华南和西北一直是我国大豆种植面积较少的地区，并且在过去十余年间一直持续降低，从过去十余年的变化趋势来看，我国大豆种植面积一直都有集中的趋势，多集中在东北地区，其他区域如西南种植比例也有一定提升，但是提升幅度并不大，而且从总面积上来看，西南地区大豆种植面积增加的潜力不大。其他地区除了华北地区保持稳定，其余的都表现出缓慢减少的态势。因此预计在未来一段时间，东北会成为我国大豆种植的主要区域，其余几个区域保持相对稳定（见表2-7）。

表2-7　2003—2020年各区域大豆种植面积比例变化情况

年份	东北	华东	华北	华中	华南	西南	西北
2003	43.28%	18.71%	13.47%	9.82%	3.74%	5.76%	5.22%
2004	44.44%	17.65%	13.65%	9.56%	3.28%	6.15%	5.27%
2005	47.97%	16.55%	12.79%	8.81%	3.32%	5.56%	5.01%
2006	50.54%	16.45%	14.98%	7.66%	1.66%	5.03%	3.67%
2007	51.49%	17.02%	12.89%	7.60%	1.69%	5.70%	3.61%
2008	51.70%	16.61%	12.12%	7.48%	1.57%	6.30%	4.21%
2009	51.00%	15.93%	13.66%	7.11%	1.61%	6.64%	4.04%
2010	48.53%	16.20%	14.47%	7.44%	1.81%	7.45%	4.11%
2011	47.12%	16.37%	14.08%	7.88%	1.90%	8.31%	4.34%

续表

年份	东北	华东	华北	华中	华南	西南	西北
2012	43.15%	17.78%	14.60%	8.75%	1.82%	9.51%	4.39%
2013	41.86%	17.85%	14.99%	8.84%	1.91%	10.13%	4.41%
2014	43.67%	17.62%	13.98%	8.73%	1.89%	10.53%	3.58%
2015	42.52%	16.83%	15.19%	8.57%	1.88%	11.43%	3.59%
2016	45.79%	14.97%	14.90%	8.45%	1.65%	10.90%	3.33%
2017	48.88%	13.92%	14.50%	7.98%	1.55%	10.11%	3.07%
2018	47.19%	14.69%	16.13%	7.31%	1.58%	10.22%	2.88%
2019	50.45%	13.33%	15.21%	7.71%	1.38%	9.39%	2.53%
2020	53.18%	12.36%	14.33%	7.18%	1.33%	9.40%	2.21%

（三）大豆种植集中度变化特征

将各个省（区、市）按照大豆的种植面积，划分为3个产区（见表2-8），其中第一产区包括黑龙江和内蒙古两个省（区），虽然这两个省（区）都属于第一产区，但是黑龙江的大豆种植面积要远远高于内蒙古的种植面积。2020年，黑龙江的大豆种植面积达到了4832千公顷，但是内蒙古的大豆种植面积仅为1202千公顷，相差接近四倍，即便如此，内蒙古的大豆种植面积在2020年依然高于排名第三的安徽一倍左右。2020年，安徽大豆种植面积在我国排名第三，仅为605.1千公顷。内蒙古虽然种植面积较小，但是增长速度最快，2003—2020年，内蒙古大豆播种面积增长了72.40%，黑龙江的增长比例仅为49.00%。第二产区包括安徽、四川、河南等省，这一产区所有省份的大豆播种面积都在100千公顷以上。第三产区包含重庆、广西、河北等省（区、市），播种面积都在100千公顷以下，并且天津、宁夏等省（区、市）的播种面积都不足10千公顷，说明在第三产区内部也存在明显的差异。

表2-8 各省（区、市）大豆产区类型划分

产区划分	省（区、市）
第一产区	黑龙江、内蒙古
第二产区	安徽、四川、河南、吉林、湖北、贵州、江苏、山东、云南、陕西、山西、湖南、江西、辽宁
第三产区	重庆、广西、河北、浙江、甘肃、福建、广东、新疆、天津、宁夏、海南、北京、上海、西藏

对比各个产区之间的情况，可以看出，大豆在各个省（区、市）之间种植面积的差异十分明显，各个产区之间乃至产区内部都有明显的断层。从发展趋势上看，大豆具有十分明显的向头部靠拢的趋势，在2003年，第一产区播种面积比例为43.08%，第二产区播种面积比例为44.52%，第一产区和第二产区之间还不存在明显差异。之后第一产区的比例不断提升，第二产区和第三产区的比例不断萎缩，到了2020年，第一产区的比例已经上升到61.05%，第二产区的比例下降至33.79%，第三产区也有一定程度的萎缩，从2003年的12.40%下降至5.15%（见图2-8）。这说明

我国的大豆产业在过去的十余年间，有着不断向优势主产区靠拢的态势，主产省（区、市）与非主产省（区、市）已经形成了明显差距，并且这一态势还将持续。预计未来以黑龙江、内蒙古为代表的东北地区，将持续是我国大豆生产的主产区，而且这一优势还将因大豆振兴计划对东北地区大豆产业的扶持而继续扩大。

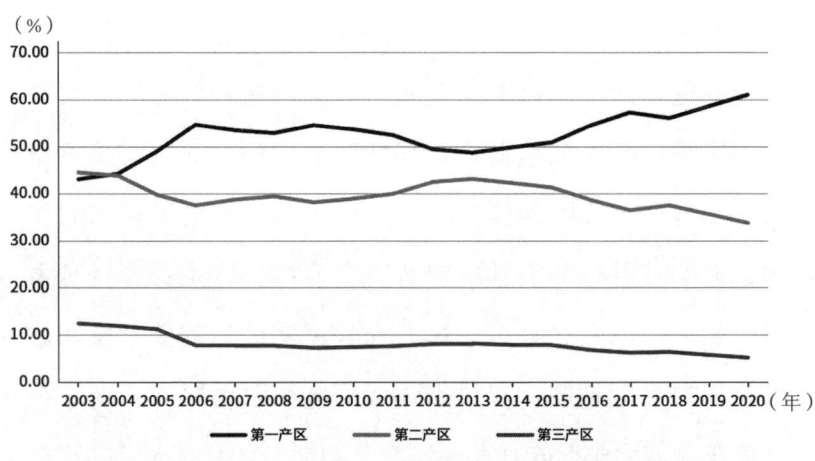

图2-8　2003—2020年大豆产区播种面积比例变化情况

五、蔬菜种植结构调整历程及特征

（一）蔬菜播种面积变化特征

上文研究了我国三大谷物以及大豆在过去十余年间种植区域结构的变动态势。蔬菜作为我国农业经济作物的重要组成部分，一方面由于高附加值的特性，具备粮食作物不具备的创收能力和品牌创造能力，在提高居民收入方面有其自身优势；另一方面各类蔬菜的天然特性让其在保障我国居民膳食均衡方面也有不可或缺的作用。与粮食作物不同，蔬菜播种面积的变化大致可以分为两个阶段。

第一阶段是2003—2006年的萎缩期。在2003年之后，虽然国家加大了涉农补贴力度，但是由于粮食安全的重要性，对于蔬菜类的补贴力度并未能有明显提升，仅在农机购置补贴等政策中可以享受到红利，政策利好对于蔬菜产业的影响，并未如粮食产业那样明显。相对而言，蔬菜作为一个可产生高附加值同时又不利于长时间运输存储的作物，影响其种植的因素主要有三个方面，一是农户自身素质。相较于粮食产业，种植蔬菜需要更大量的要素投入，但是在21世纪初期，农村整体经济水平较为落后，农户不具备在蔬菜产业上进行大规模投资的能力，同时大量的农村劳动力进城务工导致农村地区劳动力缺失，而蔬菜作为一个劳动密集型的产业，自然也未能得到较好的发展。二是社会整体的经济水平。与粮食作物不同，蔬菜具有较高的价格弹性，民众收入提升，对于蔬菜的需求量也会水涨船高。三是科技的进步。仅考虑播种面积，蔬菜和其他种植作物之间存在一定的竞争关系，尤其是和粮食作物的竞争，为了确保粮食安全，势必要优先保障各类主粮的播种面积，在科技进步的作用下，提高粮食单产，可以从粮食播种面积中释放出一定的空间，用于其他种植行业，比如蔬菜行业。

第二个阶段是2006年至今。2006年以前，我国蔬菜的播种面积表现出逐年下滑的态势，在2006年之后，这一情况有所改观，国民经济的快速发展使得市场上对于蔬菜的需求量逐年提升，在2006年之后，我国的蔬菜播种面积便开始不断增加，并且一直持续至今，到2020年，我国蔬菜播种面积达到了21485千公顷的历史最高值（见图2-9）。

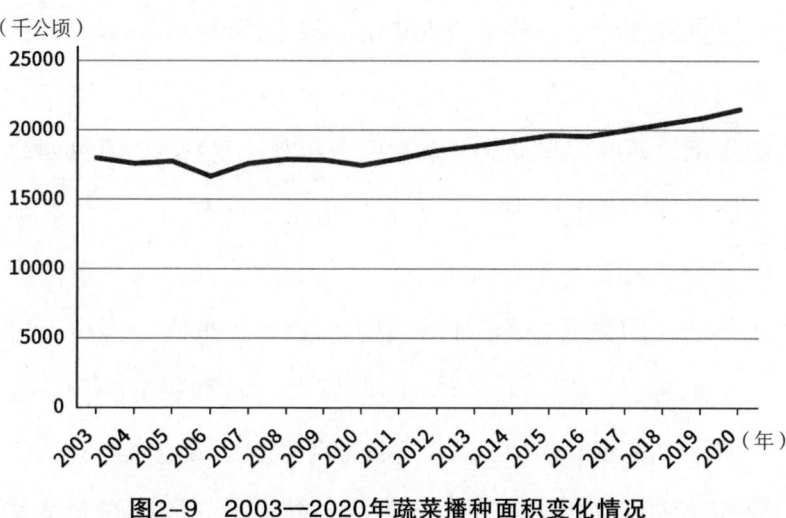

图2-9　2003—2020年蔬菜播种面积变化情况

（二）蔬菜区域结构变化特征

按照区域划分，我国蔬菜的主产区域为华东、西南和华中地区，其中，华东地区的蔬菜种植面积占比逐年下降，从2003年的33.63%下降至2020年的26.30%，并且下降趋势还在持续，即便如此，华东地区依然是我国蔬菜播种面积占比最高的地区。其次是西南地区，西南地区的蔬菜播种比例在过去十几年间有了明显的提升，在2003年，西南蔬菜播种面积占比仅为12.59%，到2020年已经上涨到了23.16%，成为除华东之外最大的蔬菜生产区域，并且上涨态势还将持续，预计在未来一段时间，西南地区有可能超越华东，成为我国最大的蔬菜生产区域。华中地区蔬菜占比一直较为稳定，除了个别年份，基本都保持在20%的水平左右。除了这三个主产区域，华南地区常年稳定在14%左右的水平，西北、东北和华北地区占比都不足10%，不过西北地区呈现出增长态势，预计在未来还会略有增长，华北地区预计还将会有小幅度的下降，东北地区的蔬菜种植面积比例为全国最低，不过目前来看已经降至低点，考虑到当地实际情况，预计未来东北地区蔬菜种植面积会维持在这一水平（见表2-9）。综合来看，蔬菜的区域变化与谷物相比在过去十几年间的变化幅度其实并不大，原因在于蔬菜作为生鲜类农作物，并不像谷物那样具备长距离、长时间的运输能力，所以蔬菜本地消费较多，播种面积更多是由当地市场需求和自然环境决定的，因此，在种植区域调整上不会有太明显的变动。

表2-9　2003—2020年各区域蔬菜种植面积比例变化情况

年份	东北	华东	华北	华中	华南	西南	西北
2003	6.23%	33.63%	9.97%	19.92%	13.17%	12.59%	4.40%
2004	5.16%	33.10%	10.06%	20.36%	13.29%	12.98%	4.79%
2005	5.06%	32.06%	10.10%	20.30%	13.71%	13.40%	5.04%
2006	5.30%	31.80%	9.72%	19.37%	13.10%	15.12%	5.70%
2007	4.60%	32.24%	6.57%	21.76%	13.46%	15.31%	4.85%
2008	4.44%	31.74%	6.67%	21.86%	13.64%	15.66%	5.12%
2009	3.85%	31.51%	6.73%	20.93%	13.95%	16.76%	5.72%
2010	3.91%	29.20%	7.14%	21.68%	13.92%	17.25%	5.93%
2011	4.10%	30.30%	7.12%	21.48%	13.38%	17.90%	6.11%
2012	4.73%	32.10%	7.11%	22.21%	13.07%	18.97%	6.96%
2013	4.00%	29.51%	6.88%	20.81%	13.97%	19.71%	5.87%
2014	3.83%	28.98%	6.83%	20.46%	14.25%	20.31%	5.88%
2015	3.52%	27.38%	6.48%	20.38%	14.46%	20.90%	5.92%
2016	3.02%	27.43%	6.30%	20.92%	14.31%	21.58%	6.44%
2017	2.99%	26.96%	6.14%	21.00%	14.41%	22.08%	6.42%
2018	2.87%	26.82%	6.07%	15.67%	14.53%	22.83%	6.30%
2019	2.78%	26.50%	6.01%	20.63%	14.69%	22.97%	6.42%
2020	2.81%	26.30%	5.95%	20.43%	14.70%	23.16%	6.64%

（三）蔬菜种植集中度变化特征

按照蔬菜种植面积将各省（区、市）划入三个产区，第一产区的播种面积都在1000千公顷以上，并且在第一产区各个省（区）之间，播种面积相差并不大，播种面积最大的省份为河南，在2020年达到了1736千公顷，云南的播种面积在2020年为1223.7千公顷，第一产区内部之间的差距明显要小于谷物的产区内部差距。第二产区包含河北、重庆等省份，播种面积均在500千—1000千公顷。第三产区为500千公顷以下的省（区、市）。从产区省（区、市）数量也可以看出，位于第一产区的省（区）有10个，第二产区为7个，第三产区为14个，各个产区的省（区、市）数量差异也要小于谷物类产区，并无明显的聚集区域（见表2-10）。

表2-10 蔬菜各省（区、市）产区划分

产区划分	省（区、市）
第一产区	河南、广西、贵州、山东、四川、江苏、广东、湖南、湖北、云南
第二产区	河北、重庆、安徽、江西、浙江、福建、陕西
第三产区	甘肃、辽宁、新疆、海南、内蒙古、山西、黑龙江、宁夏、吉林、上海、天津、青海、北京、西藏

从播种面积占比来看，2003年至2020年蔬菜只有第一产区的比例有所提升，但是提升幅度不是很大，从62.92%上涨到71.07%；第二产区和第三产区都有一定的降低，降低幅度也并不显著，每个产区的降幅都不足5%（见图2-10）。可以看出，在过去十余年间，我国蔬菜在产区间的播种面积虽然有所调整，但是调整幅度并不大，不过还有一点需要注意，在2020年，蔬菜的这一调整趋势依然没有收缩，第一产区的比例依然在上涨，第二和第三产区也

依然在下降,这说明蔬菜的种植面积调整相对来说是一个平缓的过程,且有着较长的调整时间。

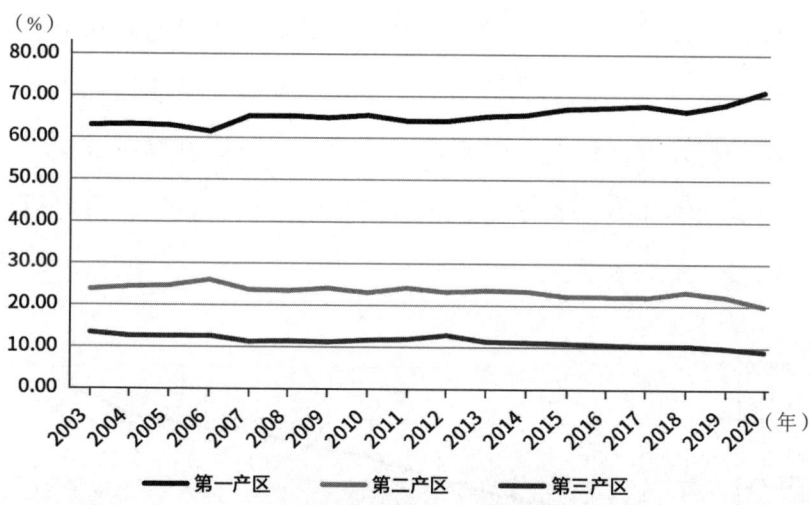

图2-10　2003—2020年蔬菜各产区播种面积比例变化情况

六、水果种植结构调整历程及特征

(一)水果产量变化特征

由于数据统计口径的问题,水果在统计年鉴上没有播种面积,因此在进行水果分析时,选用了产量这一指标。与其他农作物不同的是,水果的产量自2003年之后,一直都处于稳步上涨的态势之中,2003年国内水果产量为14520万吨,到2020年增加到28690万吨,增长幅度97.60%,并且这一增长趋势还在持续(见图2-11)。这一方面是技术进步导致的单产面积提升,另一方面是水果种植面积的提升。水果的情况与蔬菜相似,产业的整体发展情况与社会经济条件挂钩,在2003年之后,国民对于水果的需求量不断上涨,也助推了供给端水果产业的发展,虽然近几年我国经济发展已经进入了新常态阶段,增长速度有所放缓,但是依然还有增长潜力,这也解释了为什么我国水果产量依然还在持续增长。

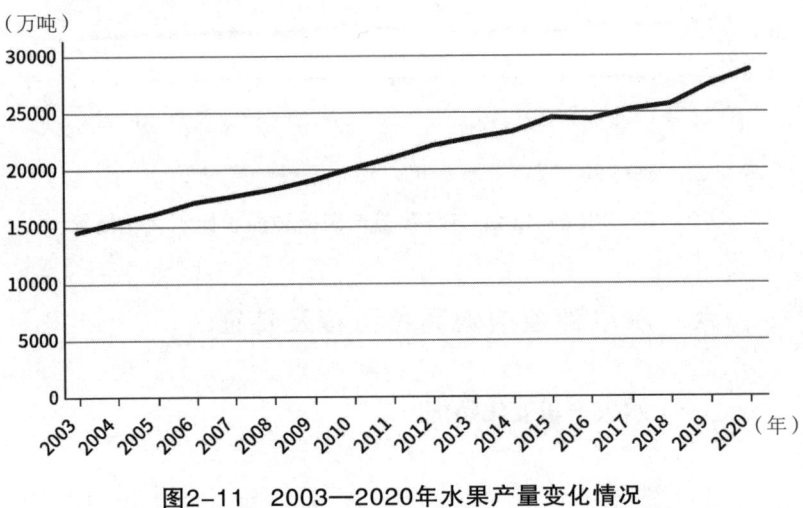

图2-11　2003—2020年水果产量变化情况

(二)水果区域结构变化特征

按照区域对水果产量变化的特征进行分析,华东地区一直都是我国水果产量最高的地区,但是产量占比却逐年下降,在过去十余年间,华东地区的产量占比降低了大约14%,

并且还在持续降低。华中、华南、西北地区的水果产量占比比较接近,并且这三个区域在过去都表现出了增长态势,西南地区产量占比略低,华北和东北地区最低,华北地区占比逐年下降,但是东北地区的水果产量一直偏低,这与东北地区一直是我国粮食主产区,无太多的土地分配出来用于水果种植有一定关系。综合来看,华东、华中、华南和西北这四个区域会是我国水果的主产区域,并且这四个区域产量占比相差不会太明显,都会维持在20%左右的水平,其余区域则继续保持占比较低的现状,尤其是东北地区(见表2-11)。

表2-11　2003—2020年各区域水果产量比例变化情况

年份	东北	华东	华北	华中	华南	西南	西北
2003	3.13%	38.49%	16.36%	13.24%	13.23%	6.56%	9.00%
2004	3.37%	37.96%	16.12%	12.53%	13.54%	6.73%	9.75%
2005	3.67%	39.51%	12.67%	11.03%	14.99%	7.61%	10.50%
2006	3.51%	36.72%	13.18%	13.94%	14.18%	7.29%	11.18%
2007	3.69%	36.28%	11.42%	14.33%	14.76%	7.77%	11.74%
2008	3.40%	33.90%	15.52%	13.59%	13.98%	7.83%	11.78%
2009	3.19%	35.59%	14.04%	13.08%	14.09%	8.02%	11.99%
2010	3.33%	33.45%	14.72%	12.05%	14.98%	8.71%	12.76%
2011	3.03%	29.15%	14.08%	20.65%	13.61%	8.17%	11.31%
2012	3.62%	29.14%	12.86%	18.90%	12.66%	7.96%	14.86%
2013	2.92%	27.25%	13.34%	19.38%	13.55%	8.58%	14.97%

续表

年份	东北	华东	华北	华中	华南	西南	西北
2014	1.14%	25.14%	6.08%	51.08%	5.98%	3.87%	6.71%
2015	0.87%	47.22%	2.97%	37.16%	4.54%	2.99%	4.25%
2016	2.88%	25.49%	10.23%	18.42%	16.87%	11.07%	15.04%
2017	3.13%	25.18%	10.17%	17.73%	17.45%	11.09%	15.24%
2018	3.24%	25.31%	10.69%	16.86%	17.61%	11.59%	14.69%
2019	2.95%	24.33%	9.81%	17.39%	17.05%	10.88%	17.58%
2020	3.69%	24.69%	9.56%	17.03%	18.39%	11.57%	15.08%

（三）水果种植集中度变化特征

与其他品类不同，由于水果的产量并未出现明显的三阶段分层，所以考虑将水果的产区分为四个，第一产区的产量在2000万吨以上，第二产区的产量在1000万—2000万吨，第三产区的产量在500万—1000万吨，500万吨以下的划分到第四产区，从产区划分就可以看出水果在全国并没有明显的集中态势（见表2-12）。

表2-12　水果各省（区、市）产区划分

产区划分	省（区、市）
第一产区	山东、广西、河南、陕西
第二产区	广东、河北、四川、新疆、湖南、湖北
第三产区	江苏、云南、山西、辽宁、甘肃、福建、浙江、安徽、江西、贵州、重庆
第四产区	海南、内蒙古、宁夏、吉林、天津、北京、上海、黑龙江、青海、西藏

分开来看，第一产区、第二产区和第三产区的产量并无明显差距，但与第四产区存在断档差异。从整体来看，第一产区相对于第二产区和第三产区还是有明显优势的，第二产区和第三产区在2014年之后已经不具备明显优势。各个产区在过去十余年内，产量占比也无明显变动（见图2-12），因此从省份产量来看，某一省份水果产量并无明显提升或者下降的变化，水果的情况与蔬菜类似，并不能够在某一区域进行大面积集中种植，而是要考虑当地的自然禀赋。可以看出在水果种植面积调整的过程中，受先天自然条件的影响，水果产业的集中度较低，并且在未来也基本不存在某一区域能够出现水果种植面积大幅度变动的可能性。

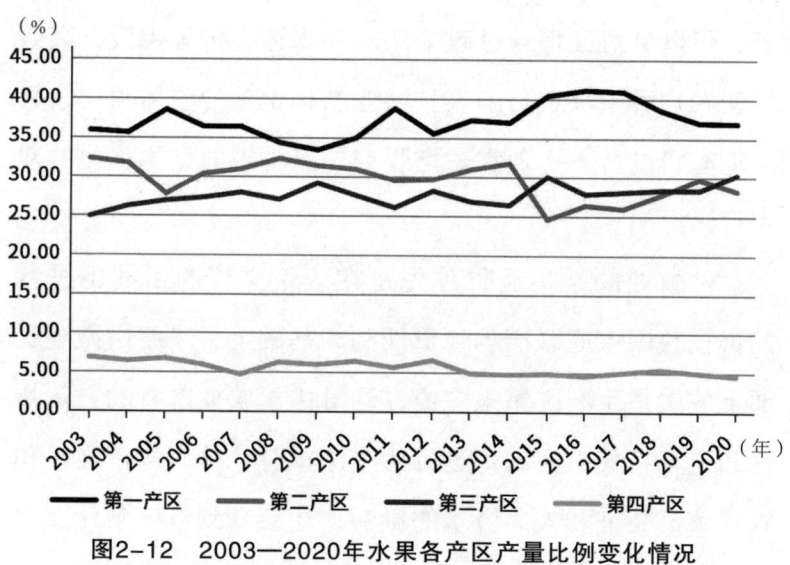

图2-12　2003—2020年水果各产区产量比例变化情况

第三章

种植结构调整的影响因素及机制分析

种植业生产是涉及自然条件、政策环境、农户行为决策多项因素的系统性生产活动,因此种植业的结构调整也涉及多个方面。通过对种植业结构调整影响因素的分析,有利于在更深层次认识种植业结构在时空演变上的历史规律以及内在逻辑,同时在厘清种植业结构调整方向的前提下,可以针对性地通过政策法规、媒体宣传等手段,高效地使农户种植决策与国家种植业结构调整的整体顶层设计实现有机结合,实现农户增收与国家种植业结构优化的双重目标。

种植业的结构调整首先是在政策文件的引导下进行的,在我国家庭联产承包责任制的基础上,最终由微观层面上的农户生产决策来完成,同时由于农业本身的自然特性和市场特征,在农户进行生产决策时,除了政策文件和农户家庭特征和人力资本的影响,还会受到气候条件变化和国家经济形势变化的影响。因此本书对于种植业结构调整影响因素的分析，将从政策文件、农户特征、气候条件以及社会经济等四个方面出发，深入分析这四个方面对种植结构调整的理论机制和影响路径，并在此基础上，对我国日后如何进行种植结构方向的调整提供一定参考。

一、国家政策对种植结构调整的影响机制分析

国家政策作为国家提供公共物品，补充市场机制的主要手段，对于种植结构的影响也体现在多个方面。

首先是政府的强制性手段，一般出于国家安全战略的考虑，例如以基本农田制度为代表的国家政策，是以国家行政力量为主要手段，强制性要求农民在基本农田上种植粮食，此类政策出台，往往是站在国家粮食安全、重要农产品的基本保障的立场上，并不过多考虑其对市场机制的扭曲抑或对农民收入的影响。但是此类政策的出台无疑会对当地的经济发展以及农户收入提高带来不利影响，例如河南省等粮食主产省份，大量的土地资源和人力资源被限制在粮食生产上，必然使当地其余产业的布局和进一步发展受到限制，农户种植决策的局限性也会使农户无法去选择更优质的生产策略来提高收入。所以，国家也会出台

多项配套措施来尽可能削弱这些不良影响，如种粮农户的直接补贴政策，就可以理解为基本农田制度下，是农民收入的一种补偿。国家的中央财政资金上，也会设置专项资金，建立利益补偿机制，加大对粮食、油料及生猪等重要农产品主产省份的转移支付力度，并且鼓励农产品主要销售省份以多种途径到主产区进行投资建设，进一步保障各项农产品的稳产保供以及主产区的经济发展和农民收入水平。

其次是以最低收购价、临时收储政策为代表的国家粮食支持生产政策以及与其类似的农业生产补贴政策，以稳定农产品价格为主要手段，提升农户的生产积极性，确保各类农作物播种面积的稳定性。出台此类政策的基本思路与基本农田制度类似，也是确保国家各项农产品的稳定供给，但是在执行力度上并不像后者那么强硬，更多的是通过政策手段来影响市场机制，最终作用于农户的生产决策上。2009年稻谷最低收购价政策出台，并且在2009—2014年，稻谷最低收购价一路走高，全国稻谷播种面积也由2963万公顷增长至3031万公顷。之后由于最低收购价下调，稻谷的种植面积也开始缩减，在小麦产业中，最低收购价政策也有类似表现。在玉米临时收储政策执行期间，也展现出相同的政策效果，由于玉米本身就具备高产特点，在国家对玉米市场价格进行管控使其一直维持高位的情况下，我国玉米播种面积在临时收储政策执行期间连续多年保持上涨。在2008年至2015年的政策执行年份内，我国玉米播种面积由2924万公顷增加到3812万公顷，增长幅度超过30%，并且面积增长也多出现在东北三省以及内蒙古这样的政策执行区域。之后在2015年取消玉米临时收储政策，改为"市场定价、价补分离"，各地的玉米价格都出现了不同程度的下跌。以黑龙江省为例，玉米价格直接从2015年的2100元/吨左右，下跌至2016年的1400元/吨左右，降幅约为三成，这在很大程度上打击了农户种植玉米的生产积极性。崔宁波（2017）研究了临时收储政策取消的政策背景下，镰刀湾地区玉米种植结构的调整。结果表明，在玉米价格下跌的情况下，多数农户都减少了玉米种植面积，在一定程度上避免了此类损失。并且由于减少了玉米播种面积，农户可以将时间和生产资料用在其他领域，部分农户通过积极调整，不仅克服了玉米临时收储政策取消带来的不利影响，甚至出现了家庭收入增加的局面。但是对于绝大多数农户而言，虽然减少了玉米播种面积，其薄弱的人力资本导致其并不能高效地进行决策，无法有效地找到玉米种植之外的替代作业，因此削减玉米种植面积只能减少政策取消带来的损失，并无法从其他方面获取一定补偿。需要注意的是，虽然补贴政策能够十分显著地对种植结构调整提供指导，但是在现实情况下，补贴政策的作用是否能够得到有效发挥依然有待商榷。周扬（2021）对大豆生产者补贴政策的调研发现，在补贴政策执行区内，由于玉米和大豆为主要种植作物，而农户对于玉米种植有着较高的路径依赖，因此政府对大豆的补贴效应并不能得到有效发挥；同时，在市场机制的作用下，国家出台了大豆生产者补贴政策，土地拥有者在了解这一信息之后，会在一定程度上提高地租价格，二者相抵，大豆生产者其实并未明显从政策中获益，因此国家的《大豆振兴计划实施方案》，鼓励提高大豆种植面积的政策目标也就难以实现。

类似的政策手段还有对特色农产品优势产区进行规划等，政府通过研究当地的气候禀赋、土壤特征、地理位置、交通条件、市场规模等因素，在参考专家决策的前提下，人为划定符合当地基本情况的特色农产品品种，并且出台相应的补贴支持政策，以扶持该类产业快速有效发展。虽然政府并未通过强制手段来影响农户的种植决策，但是在这种政策环境下，农户的生产决策也会自然而然发生偏移。甚至在多数情况下，此类政策由于充分考虑了当地的基本情况，所做出的决策也具备高度的科学性和合理性，因此对于农户种植决策的影响要高于以最低收购价为代表的由国家层面出台的宏观指导政策。

再次是以新型经营主体支持政策、适度规模经营补贴为代表的，有补贴偏向性的政策手段，与之前提到的两种政策手段相比，新型经营主体支持政策和适度规模经营补贴政策出台的首要目的并非保障某项农作物的生产数量抑或播种面积，而是从推动农业合作组织现代化的立场出发，尽可能加快农村地区现代经营制度的建设进度，因此此类政策的出台并不能直接影响某类农作物的播种面积。而国家对新型经营主体的支持和帮助，在市场出现波动的情况下，小规模经营农户并不能有效抵御市场带来的风险，因此在这种有偏向性的政策引导下，小农户有可能会放弃自己种植土地，而将其流转到新型经营主体的手中，最终导致这类政策虽然不能在播种面积的总数上对其有过多影响，但是可以在种植结构的内部分配上使其产生一定的偏移。彭长生（2019）研究了稻谷最低收购价格调整对农户生产行为的影响。2014年，我国稻谷最低收购价改变了往年只升不降的惯例，出现下降，通过调研发现，调研省份的水稻播种总面积都有所减少。从农户内部来说，小农户大都选择减少播种面积，大农户则更多选择调整结构，一方面在于大农户相对小农户而言，有更高的个人资本，这意味着他有着较高的抗风险能力和调整能力；另一方面，大农户可以享受到小农户享受不到的部分补贴政策，并且在市场上也有更高的话语权，可以获得更低价格的生产资料以及更优质的销售渠道。因此在市场价格出现波动时，农户内部就会出现一定的分化局面，具体表现为播种面积由小农户流转向大农户，其实从某种意义上来说，土地向大农户的进一步集中，反而有利于我国水稻产业向现代化生产方式转型。

最后是其他与农业生产相关的政策对种植结构产生的影响，此类政策并不直接影响农产品的最终价格，但是会影响农业生产过程中的各项成本，最终作用到农户的种植决策上。例如农业水价对于农户种植结构的影响，尤其是在缺水地区或者贫水地区，由于水资源的匮乏，农户对于水价格变动会更为敏感，不同的水价定价策略也将会对农户的生产决策产生不同的影响。董小青等（2020）在研究新疆地区水价对农户种植结构的影响时发现，当地存在统一水价、阶梯水价和水权交易水价三种不同的水价机制，在依据亩均灌水量将当地作物分为高耗水作物和低耗水作物的前提下，通过对比发现，统一水价机制下，由于水价不能发挥市场调节作用，对于低耗水农作物的推广没有明显帮助，甚至出现负面效应。因为高耗水作物相比低耗水

第三章
种植结构调整的影响因素及机制分析

作物，往往具有更好的市场效益，因此在水价统一的情况下，由用水量导致的成本差距根本不能弥补收益差异。阶梯水价虽然在一定程度上解决了这一问题，但是农户对于水价的感知度仍然不够敏感。虽然在一定程度上高水价能使低耗水作物的种植面积增加，但是高耗水作物的种植面积依旧偏高，部分原因在于低价水定额的数量门槛过高，虽然实行了阶梯水价，但是由于低价水额度过多，完全能够覆盖高耗水作物的用水需求，因此调节机制就会大打折扣。而水权交易机制决定了农户可以用节省下来的水在市场上换取收益，节约用水的成本以及出售水权的收益与高耗水作物的市场收益持平时，市场调节机制便可以真正展现，从而实现推广低耗水作物的目的。除了水价，其他生产资料的价格政策也会影响种植业的结构调整，张卫峰（2008）从种植结构变动的角度出发，研究了我国化肥的消费变动和影响因素。结果表明，由于各种作物对于肥料用量以及肥料品种的需求不同，因此当化肥价格变动时，农户会根据成本的变动情况，改变自身的种植决策，例如种植粮食的化肥用量要明显低于种植经济作物的化肥用量，当国家政策对化肥使用有一定补贴或者对化肥价格有一定管控时，种植经济作物的高效益以及较低的化肥使用成本，就会促使农户选择种植经济作物。同理，当化肥种类的价格发生变动时，也会使得种植结构发生偏移，例如钾肥价格降低时，对于偏向钾肥需求的作物种植面积就会有所增加。同时该研究指出，粮食作物播种面积对于化肥用量的弹性要远大于经济作物，因此当市面上的化肥供给出现较大波动时，粮食作物种植面积的变动程度也要高于经济作物。

综上所述，国家政策对于种植结构调整的干预手段主要分为两类，一类是强制性手段，出于国家某种战略层面上的考虑，此类战略的优先级抑或重要程度远远高于其他事项，因此国家直接通过行政手段进行强制干预，只求目的，对于其产生的负面影响则通过其余政策进行弥补或者补救；另一类是间接影响，主要是通过政策手段来干预市场抑或农户选择，例如通过加大对某一项作物的补贴力度，引导农户进行种植。不过这两类手段都不具备可持续性，在政策执行期间能够起到较好的作用，但是在政策取消之后，原来的干预手段不复存在，市场会回归本来面目，因此农户的种植结构选择也会发生调整。当国家取消基本农田制度之后，在市场经济下，该地区一定会发生"非粮化"现象，田聪颖（2018）对镰刀湾地区农户的模拟分析发现，大豆生产者补贴政策虽然对农户产生了一定的引导作用，但是该政策依然具有一定的局限性，原因在于当地玉米的种植收益长期高于大豆，一旦政策执行力度放缓或者政策取消，那么该政策执行期间带来的结构调整效果将会在市场机制的引导下消失。

二、农户特征对种植结构调整的影响机制分析

由于我国实行的是家庭联产承包责任制，家庭作为农业生产的最基础生产单位，农户的决策对于种植结构的调整变动会产生最直观的影响作用。而农户的个人特征抑或家庭特征，如教育背景、性别、家庭人口数量等因素，则是主导农户进行生产决策的原因。研究其对种植结构影响的方向及程度，不仅要从农户层面出发，还要从经济理论的角度，厘清农户特征对种植结构调整影响的深层次逻辑，从而为政策制定提供一定参考，让政策文件对农户决策的影响效应更为直接有效。

从经济学"理性人"这一假定理论出发，农户作为理性经纪人，在市场化的整体背景下，其生产决策都是为了使自己获得最大收益，假设处于完全竞争市场中，信息流动不受阻碍，农户自身也能够依据市场条件和自身禀赋进行最优决策。那么从农户的角度出发，其最终的生产决策势必是能够获得种植收益最大的决策，但是从现实的角

度来看，信息不对称才是市场常态。并且我国农户的个人资本都较为薄弱，从信息收集的角度来讲，未必能够准确高效地收集到与其生产相关的信息，即使是在信息充足的前提下，农户也未必能够依据这些信息做出最优决策，而是会为自身条件所限，做出在认知范围或者能力范围内的最优选择，而非理论上的最优选择。从国家整体战略以及种植业社会职责的角度出发，我国作为一个人口大国，虽然保障农户收益也是我国政策体系中的主要目的之一，但是粮食安全作为国家平稳运行的基础，始终是我国农业生产中的头等大事，种植业除了承担种植农户的收入这一职责，为社会发展提供足够原材料也是其职责之一。因此，农户作为一个理性的人在追求种植业收入最大化的同时，有可能会与国家粮食安全战略产生冲突，例如在经济作物收入明显高于种粮收入的现实条件下，农户追求自身效益的行为，势必会导致严重的土地"非粮化"现象，这时国家便会出台一定的限制政策进行调整，因此农户在进行生产决策时，不仅受到自身认知和能力的限制，还会受到政策等外部条件的限制。在这样的背景下，农户的种植决策以及对后续种植结构的影响，都只能是在一定范围内所做出的选择，而因为农户异质性的存在，最终会产生不同的行为决策。根据以上分析，可以认为农户对于种植结构的

第三章
种植结构调整的影响因素及机制分析

调整主要受到两方面的影响，一是农户的种植结构调整意愿，在面对政策改变或者市场波动的情况下，农户能够对其有清晰认知，并据此做出一定改变；二是农户的调整能力，部分农户虽然能够意识到调整带来的好处，但是受限于能力，并不能做出调整。

农户特征的不同会导致产生不同的行为决策，这一点不论是在理论分析还是实证调研上都得到了论证，基本已经达成共识。田文勇（2016）对贵州省的实证分析显示，农户的年龄、家庭劳动力人数以及是否为主要务农家庭都会对种植结构产生显著影响。这一结论从理论上也可以得到很好的解释，当一个农户年龄较轻且家庭劳动力人数较多的时候，自然会具备更好的调整能力，并且当务农收入为家庭主要收入来源时，农户对于农业生产决策势必会更加慎重，在有能力调整的前提下，调整行为也会更加积极主动。同时文化程度的高低、是否具备其他技能对于农户是否进行种植结构调整也有较为显著的影响，主要原因在于文化程度的高低以及是否掌握其他技能决定了农户是否具备对信息的收集分析能力以及是否具备务农之外的其余选择，农户的文化程度可以在很大程度上影响农户的调整意愿，并且一般而言，教育水平较高的农户也会具备更强的资本，调整能力也会更强。同理，当一个农户具备其他

| 077

技能时，他的选择就会更加多元化，当预期务农收入下降时，他可以选择不进行下一阶段的农业劳作，转而进入其他行业。另外在农业现代化进程不断推进的当下，土地流转在农村地区已经成为普遍现象，在这样的背景下，农户层面也会产生一定的分化，人力资本较高的农户更有可能成为新型经营主体，并且对于后续的生产培训也更乐于接受。因此会出现人力资本较高的农户种植规模不断扩大的现象，其他农户可能选择转入其他行业，农户种植结构会逐渐转向产生更多的纯农业种植户，原本的兼业农户会逐渐选择将土地流转出去，有利于当地的种植结构向规模化和集约化发展。

除了农户个人特征对种植结构调整产生的直接影响效应，农户特征其实还具备一定的间接影响，因为农户有可能因为自身特征作出其他决策，进而影响到种植决策。为了更加清晰地认识到农户特征对种植结构调整带来的影响，本书接下来选择农户非农就业这一现象来进行具体分析。通常，农户作出的种植结构调整决策都是在综合考虑自身情况下进行的，农户是否参与非农就业也是在综合考虑下作出的就业选择，另外，农户依据自身特征作出行为决策时，还需要考虑到当地的市场环境和经济水平等因素，非农就业也同时受当地产业发展、市场经济条件的影

第三章
种植结构调整的影响因素及机制分析

响，因此以非农就业来分析农户特征对种植业结构调整的影响是合适的。

非农就业是我国农户就业的普遍现象，原因在于随着城镇化的深入推进，城乡差距逐步拉大，与城市相比，农村地区的劳动力边际收益过低，同时城市的产业发展需要大量的劳动力注入，因此农村大量的青壮年劳动力进入城市寻求工作，不仅能够达到农户自身提高收入的目的，同时也迎合了当下我国城市发展的需求。目前我国的农民工群体有2.8亿人左右的规模，并且在接下来一段时间内，还将维持这一态势。农户选择非农就业，主要受社交网络、个人资本、性别、年龄等特征的影响，其中社交网络是指农户的人际交往关系。在农民外出就业的过程中，很大一部分的农民工找工作还是依靠同乡介绍抑或朋友亲戚推荐这样的方式。个人资本主要指农户的教育背景、技能掌握等，个人资本强的农户在外出务工时更易找到工作，且更易找到高工资水平的工作。性别、年龄也有具备其自身逻辑的影响路径，因此可以认为农民非农就业确实是基于自身特征作出的决策。

在农民工选择外出就业之后，对种植结构调整最直观的影响效应有两种，第一种是对于种植面积的影响，第二是对于种植品种的影响。从理论上分析，农业劳动力作为农业生产过程中的重要因素，劳动力的缺失势必会引起其他要素的进入来填补空白，在要素投入比例发生变动的情况下，农户的种植品种选择也会发生相应转变，劳动密集型品种的种植面积会有所减少，而其他投入要素密集型的品种受此影响较小，甚至会由于其他品种的退出而顺势扩大种植面积。但是考虑到要素替代过程中的现实条件约束，有时品种之间并不能自由发生转变，钟甫宁（2016）认为农村劳动力的大量转移，势必会对粮食生产造成一定影响，从投入要素的替代性上来说，劳动力的缺失势必会引起机械投入的增加。因此相较经济作物、粮食作物会因为更加适合机械作业而使播种面积扩大，但是这一转变也会受到外部条件的限制，例如在山地丘陵地带，机械化作业无法大规模开展，因此劳动力外出务工并不会引起粮食播种面积的大幅增加。郭健（2017）对劳动力成本的研究结果从另一个角度对劳动力转移的作用进行了说明，通过对1998—2014年7种主要农作物播种面积变化的实证分析表明，农业劳动力成本上涨，会很明显地减少稻谷、小麦的播种面积，出于对经济效益的追求，蔬菜、油料等经济作物的播种面积会随之扩大。从这一角度出发，劳动力转移意味着劳动力的退出以及机械化的进入，可以在一定程度上削弱劳动力成本上涨带来的影响；反过来理解，农业劳动力转移对于经济作物播种面积的扩大有抑制作用，对于稻谷、小麦等粮食作物的面积提升有正向的促进作用。在要素无法进行自由替代的情况下，农村部分土地会出现结构性撂荒，导致整体农作物播种面积下降，抑或部分土地会通过流转的方式进入其他农户手中，受农户逐利性的影响，为抵销转入成本，转入农户会选择经济效益更高的方式，从而可能导致流转土地发生"非粮化"现象。罗必良（2018）认为，在小规模流转的情况下，农户为了提高自身收益，会更加倾向于扩大经济作物的生产面积，从而出现"非粮化"现象。但是如果转入规模不断扩大，转入农户也无法承担种植经济作物所需要的劳动力时，就只能选择种植更加适合机械化大田作业的粮食作物，说明在劳动力得以充分使用的情况下，土地流转也未必会带来土地"非粮化"现象。

除了农作物要素投入的比例发生变化，劳动力转移还会对农户的投资意愿产生一定影响。在农户外出务工的情况下，家庭收入来源会由纯农业转变为农业与务工收入兼而有之，而在务工收入占比越来越高的情况下，农户对于土地的投资意愿以及投入精力也会逐渐变小。因此资本密集型品种的种植面积会随之减少，而粮食等对资本投入要求不高的品种会更受青睐。并且考虑到第三方社会化服务的介入，在土地托管的过程中，大田作物因为其天生优势，播种面积会得到进一步扩大。齐元静（2017）通过对中国13个省1580户农户的实证分析表明，农村劳动力转移明显降低了对土地的投资强度，并且影响了经济作物的种植比例。对土地流转这一行为的研究表明，在土地流转之后，蔬菜的种植面积有所增加，但是水果的种植面积有所减少，其原因在于土地流转之后，转入方的地权并不稳定，因此对于土地的投资会心存顾虑。虽然水果和蔬菜在资金投入上都属于相对较多的品种，水果的回本周期往往需要数年时间，而蔬菜仅需要几个月时间，因此，在地权不确定的情况下，农户的种植意愿会更加偏向于短周期的农作物品种。

综上来看，农民外出务工对于种植结构的影响主要来源于两个方面，其一是劳动力的转移，其二是投入力度的削弱。劳动力的转移需要其他要素进入来填补空缺，这一过程中会使得农户种植决策发生转变，整体播种面积会受到地理位置、地形地貌等因素的影响，但是影响力度偏弱，对于品种内部调整的影响力度更大。投入力度的削弱也表现为两个方面，第一是投资额度的减少，会促进对劳动、资本等投入要素要求不敏感的品种面积扩大；第二是对风险的规避，农户会更加倾向于种植短周期的作物品种，对于经济林木等种植周期较长的品种有不利影响。

三、气候条件对种植结构调整的影响机制分析

农业作为对自然系统再利用的生产部门，气候条件对于农业生产的影响是方方面面的。气候变化会引起水热条件的变化，农户也会依据这样的变化，采取不同措施加以适应，为了让种植作物更加顺应不同气候条件下的自然生长规律，农户会通过改变种植面积、种植品种、种植区域以及种植时间来进行调整。以作物种植制度为例，不同地区所形成的不同种植制度是多年来依据当地的温度、湿度、光照等气候条件，结合当地的经济、文化特征所形成的。另外，由于农业在生产过程中对自然条件有改造效果，因此对于当地的气候条件也会形成一定的改变，例如耗水型作物的大量种植可能会导致当地地下水过度开采，引起当地土壤的沙漠化，因此从这一角度来讲，气候条件的变化与种植结构的转变之间的影响是双向的。

从理论层面上来讲，气候变化对种植结构的影响路径显而易见。在不同的气候条件下，农户拥有多种生产决策，在现实条件允许的情况下，农户会根据作物的生产成本和市场效益选择最优的生产策略；在不考虑市场变动的

情况下，由于气候变动对于不同品种农作物的影响程度和方向都不相同，因此气候条件的变动会使得农户的种植决策备选发生变动，进而影响最终的生产决策。李炜君（2010）以温度为主要变量，研究了气候变化对我国三大粮食作物布局的影响。结果表明，在过去数十年气温不断增高的情况下，小麦播种面积波动较大，玉米稳定增大，而水稻种植面积在南方和北方的变动方向相反，原因在于小麦对于气温的敏感程度最高，而且在热量条件允许的前提下，农户会选择种植具有更高经济收益的作物，这导致玉米种植面积不断增加。除了播种面积的变化，由于热量条件变好，春季土壤提前解冻，冬季的冻结期推迟，作物生长时间变长，多熟制也会逐渐向北方推移。北方部分地区由原先的一年一熟变为一年多熟，而由于复种制度的变化，农户对于种植品种的挑选也会发生变化。由于热量条件变好，早熟品种的生长周期进一步缩短，进而影响单产产量，而作物可生长时间的增加也削弱了早熟品种的时间优势，因此农户会减少早熟品种的使用，大面积推广中晚熟品种，以便追求产量的最大化。除了热量变化，其他气候因素的变化对农作物的种植结构也会产生相应的作用。例如，李琦珂（2014）在当下的气候变化中，研究了降雨减少、二氧化碳浓度增加等因素对于种植结构的影响，认

第三章
种植结构调整的影响因素及机制分析

为降雨量的减少会增加盐碱地面积,原因在于缺少了雨水冲刷以及耐盐碱植物的生长环境。同时水分的减少也会制约粮食等作物的正常生长,土地的沙漠化等并发反应还会导致土壤肥力的下降。二氧化碳浓度的变化对不同作物的影响并不一致,因为二氧化碳的增加对于植物的光合作用有一定的益处,但是由于植物对于二氧化碳浓度的反应不一致,二氧化碳浓度的提升虽然对整体有益,相对而言,对于某些作物则会丧失原有优势。除了正常范畴下的气候演变,自然灾害也是气候变化的一种表现形式,灾害发生时就会考验当地的基础设施以及植物的抗灾性能,在灾害多发地段,植物的播种面积会向基础设施更好的区域集中,同时农户也会选择抗灾性更好的品种。综上来看,气候变化是大自然在演变过程中规律的外部表现,因为农业与自然之间的相关性,随着气候的变化,农业种植结构的调整最终都是为了更加适应当下的气候条件。

除了自然演变下的气候变化,农业对于自然也会有一定的影响,例如草原地区的过度放牧,会导致当地植被破坏严重,进而影响到当地的生态系统,引发草原沙漠化,进而影响草原放牧条件,从而被动地降低放牧规模。从事态发展过程来看,农户为了适应当地的气候条件,采取了相对应的种植模式,但是在实际生产的过程中,并未能完全注意到农业生产与当地气候条件、自然资源保护之间的协调性，对当地的自然环境造成了一定的影响，在自然条件被农业生产人为改造之后，当地的农业生产模式也只能再次适应新的自然环境，选取新的生产方式，改变原有的种植结构。以退耕还林政策为例，由于我国在20世纪八九十年代间，对于经济效益的过度追求，在思想意识上忽略了保护自然环境的重要性，导致当时盲目破坏林地进行农业生产，造成了严重的水土流失和风沙危害，沙尘暴、洪涝等自然灾害频发，部分耕地也因为沙化、盐碱化的问题产量降低，甚至无法进行有效耕种。1999年，我国开始在四川、陕西、甘肃开展退耕还林试点工作，有计划、有步骤地停止耕种，因地制宜地造林种草，恢复植被，恢复生态环境，整个退耕还林工程的开展背景就是农业对自然条件进行改造之后，不得已进行种植结构调整的现实案例。范文波（2011）对新疆石河子地区的研究也表明，由于当地过度种植棉花等耗水作物，使得水资源被大量消耗，严重影响当地的粮食安全和水资源的生态稳定，认为在当地水资源输出多年的背景下，需要削减整体耕地规模，提高粮食播种面积，降低耗水型作物播种比例。可以看出，气候变化与种植结构调整之间确实存在双向影响，会产生种植结构对气候影响过大的现象，主要原因就在于某一段时期，当地的种植结构没有参照气候条件采取最优生产策略，而是过度追求经济效益，忽视了环境资源保护，在环境被人为改造之后，种植结构会不得已地向新形成的气候、环境条件靠拢，从这一点来看，符合气候条件是种植结构调整过程中所必须遵守的首要原则。

四、社会经济对种植结构调整的影响机制分析

在社会经济层面，对种植结构能够造成影响的因素多种多样，例如经济水平、城镇化水平、人口结构以及当地基础设施建设程度等都会对种植结构产生相应的影响。虽然影响因素多种多样，但是从经济学理论出发，社会经济对种植结构的影响机制可以概括为供需关系。从需求层面出发，由于当地社会经济发展阶段不同，会对不同的农作物产生不同的需求，各类农作物之间的比较收益也会产生差异。从农户的视角来看，会自然地选择种植经济收益较好的作物，进而影响种植结构的变化。除了供需变化导致的市场调节之外，社会经济还会间接影响农户的行为决策，进而影响到当地的种植结构，例如当地的城镇化水平和经济发展水平，会影响农户的外出务工行为，结合上文可以看出，农户务工行为的决策变化，对于当地种植结构

调整也会有相应的影响。

在经济层面，在不同的经济发展水平之下，由于科技、管理、人才等因素的差距，经济条件较好的地区，对农业的投资力度更大，管理制度以及市场体系会更加完善。因此，经济发达地区对于土地、劳动力等投入要素的利用程度往往较高，尤其是化肥、农药、地膜的使用，使得北方地区的耕作制度得以改善，提升了种植面积和复种指数。但是生产成本的上涨也会让农户更加倾向于种植市场效益更高的经济作物。张琳（2008）对北京、河北、内蒙古等三个地区的对比研究表明，经济发展水平越高的地区，土地集约化程度越高，资本对于劳动的替代趋势也就越明显，蔬菜瓜果等作物的种植比例会大于粮食等大田作物。高珊（2014）认为由于经济发展水平差异，长三角地区农产品商品化程度更高，对于种植规模扩大有明显益处，安徽地区较为落后，没有显示出种植规模变化的趋势，但是对于销售价格的敏感性会更高。

在城镇化发展层面，由于城镇化的发展会导致农业劳动力流出，对农业内部的要素投入配置会产生一定影响，同时城镇化的快速发展意味着城市对于肉、蛋、奶的需求量会不断增加，而且城市的地域扩充意味着要压缩耕地面积。因此，在城镇化水平较高的地区，口粮需求下降，饲

第三章
种植结构调整的影响因素及机制分析

料粮需求上涨。耕地面积的压缩也意味着农户需要选择单位面积效益更高的作物，经济作物的面积增加也是当地农户的理性选择。但是在地区周边，由于该地区粮食种植面积减少，其他地区则需要补充该地区的粮食产量缺口，城镇化的快速发展可能会导致其周边地区粮食种植面积的进一步扩大。从另一个角度出发，农户外出务工之后对于土地的投资意愿可能会降低，尤其是部分地区因为土地细碎以及山地、丘陵等地貌限制，无法有效开展土地流转或者托管，因此土地抛荒或者另作他用也是城镇化发展下农村土地的结局之一。部分学者提出的农户外出务工可以促进土地"趋粮化"的结论，需要在当地地形条件良好、社会化服务完善的情况下才可实现。

在人口结构层面，在经济发展的过程中，人口结构也是相应变动的，例如年龄结构、文化教育结构、就业结构等因素。人口结构变动对于种植结构的影响主要表现在两个方面，第一是劳动力数量，这主要是由人口总数和年龄结构决定，通常认定15岁到60岁的人口为有效劳动力，这一部分人所占比例的提升，不仅意味着劳动力的增加，老人和小孩人数的减少也意味着劳动力不需要花费太多精力去承担照顾赡养义务；第二是劳动力质量，这一点主要由人力资本决定，例如性别差异、受教育程度以及技能培训等因素都会影响当地的劳动力质量。在农户进行种植决策时，势必要充分考虑到家庭的劳动力人数和质量的约束条件，例如当家庭劳动力较少且质量较低时，无法承担劳动强度大的经济作物种植，那么粮食等大田作物就会成为最优选择。当然还需要考虑外部环境的影响，并非劳动力质量越高，越有利于开展农业劳动，因为存在外出务工的可能性，高质量的劳动力有可能会选择进城打工。因此分析人口结构对种植结构的影响，需要考虑的是该家庭实际可投入农业中的劳动力人数和质量，而非家庭总人数。

在基础设施建设层面，一般而言，由于不同地区的资源禀赋和经济发展程度不同，对于基础设施建设的侧重也会有所不同；由于作物与基础设施之间存在不同程度的契合性，不同地区农户在选择种植品种时也会考虑当地的基础设施建设情况。例如吴清华（2015）对省级面板数据的分析表明，灌溉设施以及等外公路的建设对于粮食种植有一定的促进作用，但是这一效果也仅限于在中西部地区，对于东部地区而言，等外公路的建设反而会对当地的粮食生产产生负面影响，原因在于东部地区农村有更多的选择空间，等外公路的建设会促进其他产业的发展。同理，中西部地区等级公路的建设也会阻碍粮食生产，原因就在于其他产业的发展压缩了粮食发展空间。

第三章
种植结构调整的影响因素及机制分析

综上，社会经济层面对于种植结构的影响来自多个方面，而且每一项影响因素在不同环境下最终产生的影响效果并不相同。与宏观政策、气候变化相比，社会经济层面的因素对种植结构的影响会更加细致，也更加多样，因此在分析过程中，还需要尽可能结合当地实际情况进行深入细致的探讨。

第四章

政策对种植业结构调整的影响

上一章对影响因素的分析中已经总结了多个对种植业结构调整的因素，包括政策、气候、经济等各个方面，不过多是限于理论分析，再加以文献佐证，并未能进行实际验证。为了更加清晰地看出这些因素对于我国种植业区域结构调整的影响方向和程度，同时考虑到数据的可获取性和验证的可行性，本章选择政策这一因素来进行实证分析。从第三章的内容中可以看出，谷物类作物受到政策影响的程度更深，在过去十余年间的谷物类产品中，具有代表性的政策为玉米和大豆的临时收储政策，以及水稻和小麦的最低收购价政策。在本章的分析过程中，选取玉米和小麦作为具体分析内容，研究临时收购价政策和最低收购价政策对这两个品种的区域结构调整究竟带来了何种影响。在分析内容上，以产区间、产区内部的变化为研究对象，以政策执行期间的变化来进行时间划分，分析在政策执行期间、非政策执行期间或者政策执行力度大的时期以及政策执行力度小的时期，品种的播种面积变化情况是否有明显不同，借此来判断政策执行带来的区域结构调整效果。

一、玉米临时收储政策影响分析

玉米临时收储政策是国家在特定时期，为了确保粮食安全，同时为了防止"谷贱伤农"，保护农户利益制定的目标价格。在市场价低于目标价格的时候，由国家进行玉米收购，以确保农户种植玉米的最低收益。玉米临时收储政策在2008年开始实施，实施地区主要包括东北三省及内蒙古地区，不过玉米临时收储政策实施之后，由于政策的效果明显高于市场机制，所以对市场机制造成了很大的干扰，玉米播种面积不断增加，而且种植品种多以高产为主，缺少高品质品种，由于供给量明显高于国内需求量，玉米存储量逐年走高，不仅不利于国内玉米产业的高质量转型，同时在收购环节和存储环节都对国家的财政都造成了极大的压力。因此2016年国家取消了玉米临时收储政策，改为市场定价，价补分离。在2003—2020年这十余年的时间里，玉米产业的政策其实经历了三个阶段，第一阶段是2003—2007年，这一阶段玉米产业还未能实施临时收储政策；第二阶段是2008—2015年，国家为了促进东北地区玉米产业的发展，出台了玉米临时收储政策，虽然临时收储价格在这一阶段有所波动，但是总体而言，对于玉米产业的财政扶持力度还是要大于第一阶段的；第三阶段是2016—2020年，出于玉米产业转型发展以及国家财政压力的考量，国家取消了玉米临时收储政策。可以看出在过去十余年的时间内，玉米临时收储政策经历了一个完整的政策执行期，因此具备足够的样本来比较执行前、执行中以及执行后的政策效果，所以选取玉米临时收储政策的实施对玉米种植区域产生的变化进行分析是合理的。

（一）玉米临时收储政策对产区的影响

先分析玉米产业在宏观层面上对产区造成的影响，对于产区的分类依旧延续第二章对于产区的分类，分析在政策执行的三个阶段，各个产区播种面积的变化情况。在执行前，各个产区玉米播种面积都有不同程度的增长，但是增长比例有明显差距；在这一阶段，全国玉米播种面积以5.81%的速度增长，只有第一产区的增长速度要高过全国增速。在政策执行的过程中，玉米的播种面积依然保持了全国每年5.40%的增长速度，不过第一产区和第二产区的增速在这一阶段有明显的下降，第三产区的增速有明显提升。值得思考的是，虽然第三产区在这一阶段有明显的增

第四章
政策对种植业结构调整的影响

幅，但是玉米临时收储政策在这一阶段并未在第三产区执行，执行区多是在第一产区，这说明玉米临时收储政策的效果具有一定的外部性，虽然并未在某一地区执行，但是各个省份之间没有明显的交易壁垒，在执行区玉米价格的提升对于全国都有一定的影响。第一产区和第二产区玉米播种面积的增速虽然在政策执行期间有所下降，但是在政策执行前期，也就是2003—2007年，已经释放出了一部分空间，所以在政策执行期间，玉米临时收储政策的作用更多的是保持之前的增速，虽然未能使得增幅更进一步，但是在已经释放出一部分播种面积的前提下，依然保持如此高的增幅，也可以看出玉米临时收储政策对于玉米产业的促进作用。在政策取消之后，全国的玉米播种面积增幅都转为负值，尤其是第三产区降幅达到3.66%，基本与政策执行期间的增幅一致（见表4-1）。如此鲜明的对比，也进一步证明了玉米临时收储政策对于第三产区的促产作用。除此之外，第一产区和第二产区播种面积的萎缩也说明了正是在玉米临时收储政策的作用下，在2008—2015年，所有的产区都能维持玉米播种面积正向的增长。综合来看，从2003年开始，我国玉米产业就出现了增长态势，不过随着时间的推移，可扩产的空间不断加大。因此在2008年，我国出台了玉米临时收储政策，该政策的目的是进一步提升农民的种粮积极性，从最终的结果来看，该政策并未明显起到提升积极性的作用，不过在稳定积极性上还是发挥了一定的作用，并且在政策结束之后，所有产区的播种面积出现不同幅度的减少，也从结果论上证明了玉米临时收储政策的稳定作用。这也说明了我国玉米产业在市场化机制下，其实很难使农户保持足够多的种植积极性，当政策取消之后，在以市场化机制为主的情况下，玉米的播种面积很难保持足够高的水平。

表4-1　各产区玉米播种面积增幅变化对比

产区划分	执行前	执行中	执行后
第一产区	7.11%	6.05%	-1.72%
第二产区	5.26%	4.33%	-0.72%
第三产区	0.54%	3.70%	-3.66%
全国平均	5.81%	5.40%	-1.69%

（二）玉米临时收储政策对执行区的影响

由于玉米临时收储政策的执行省（区）只有四个，为了进一步分析该政策对玉米产业的作用，将东北三省和内蒙古地区剥离出来，与非政策执行区的省份进行对比，依旧按照执行前、执行中和执行后三个时间段进行对比（见表4-2）。在执行前期，执行区的年均增长达到9.63%，要明显高于全国平均水平，也高于第一产区在执行前的增长

第四章
政策对种植业结构调整的影响

速度，非执行区仅为3.87%；到了政策执行期间，执行区的增长速度有所减缓，仅为7.40%，但是非执行区的增长速度有所增加，变为4.15%，可能的原因就在于执行省（区）作为我国的玉米主产省（区），在临时收储政策出台前，玉米播种面积就有了大幅度的提升，但是受耕地面积总量的影响，在执行期间内，无法再继续保持高幅度的增长速度。在非执行区内，由于玉米临时收储政策的影响，全国的玉米价格相较之前都有所提升，并且临时收储政策也在一定程度上避免了农户玉米出售困难的问题。因此，在非执行区玉米播种面积并未能得到充分释放的背景下，在政策执行期间，相比执行区，反而更易展现出比之前更高的增长速度。在政策取消之后，执行区和非执行区都表现出了播种面积下降的态势，而且比较有意思的是，执行区和非执行区的降幅十分接近。这说明在政策取消之后，全国的玉米播种面积出现了普遍的缩减，而两个区域较为相近的降幅也说明了，玉米临时收储政策对于全国范围内的玉米播种面积提升以及稳定都有一定作用。综合来看，虽然在执行期间，执行区的播种面积增长速度有所放缓，但是对于非执行区的影响确实是显而易见的。并且在执行期结束之后增长速度直接转为负值，也反映了政策对于玉米播种面积的托底作用。换言之，虽然执行期的增长速度不如执行前，但是最合理的解释就是，如果没有玉米临时收储政策托底，在执行期间，玉米播种面积的增长速度会减缓，甚至会更早地转为负值。

表4-2 执行区与非执行区玉米播种面积增幅对比

政策划分	执行前	执行中	执行后
执行区	9.63%	7.40%	−1.64%
非执行区	3.87%	4.15%	−1.72%

（三）玉米临时收储政策对于产区内部的影响

分析了玉米临时收储政策在产区间和执行区间的区别，接下来将分析该政策对于产区内部的影响（见表4-3），这次选取的样本区域为第一产区和辽宁。辽宁虽然不是第一产区，但是播种面积是第二产区的第一名，而且是玉米临时收储政策的执行省份，对比同为第一产区，即同为主产区省份的情况下，该政策会对其带来何种影响？之所以进行这样的比较，是因为玉米播种面积的上涨在一定程度上是因为自然条件，主产区因为自然条件优越，本身就具备增长潜力，因此都以第一产区为分析对象，可以在一定程度上剥离主产区的优势，更加聚焦于政策效果。通过对第一产区和辽宁省的分析可以发现，无论是在执行前、执行中还是执行后，执行区的玉米播种面积增长速

第四章
政策对种植业结构调整的影响

度都明显高于非执行区的增长速度。在政策取消之后，除了黑龙江这个玉米播种面积第一的省份，其他执行区的玉米播种面积下滑程度也要小于非执行区。并且通过对比可以发现，在政策执行期间，并未对非执行区的增长速度造成太大影响。执行期和执行前的增长速度相差不大，河北和山东略有下降，河南几乎没有变化，不过在政策取消之后，这三个非执行区的省份下降幅度要明显高于执行区，这说明非执行区确实也受到了政策影响。在执行区内，除了吉林和内蒙古，黑龙江和辽宁在执行期间的增幅则有所下降，这两个省份也恰恰是政策取消之后，执行区下滑幅度最大的两个省份。这说明在执行期间，无论是非执行区还是执行区，如果没有政策作用，播种面积会更早地出现下滑态势，增幅下滑程度也会更大。另外虽然在执行期间，执行区的播种面积增速放缓，但是依然明显优于非执行区，这说明在政策执行期间，全国的玉米播种面积依然在向执行区聚集。综合以上分析可以认为，玉米产业本身就具备不断向主产区聚集的特征，但是由于耕地面积和其他因素的限制以及边际效应递减规律的作用，这一趋势其实应该早就收敛。不过玉米临时收储政策的出现，使得本该出现的收敛特征滞后了几年，并且这一滞后对于黑龙江和非执行区主产省份的影响更为明显，也导致了政策取消后，这几个省份玉米播种面积的大幅度下滑。

表4-3 产区内部省（区）玉米播种面积增幅变化对比

政策区分	省（区）	执行前	执行中	执行后
执行区	黑龙江	18.81%	8.26%	−4.28%
	吉林	2.37%	4.49%	0.27%
	辽宁	9.86%	4.96%	−0.82%
	内蒙古	6.85%	6.89%	−0.13%
非执行区	河南	4.49%	4.46%	−2.42%
	河北	3.92%	2.97%	−1.94%
	山东	4.38%	3.48%	−1.18%

综合以上的分析，可以认为，在自然条件、政策效果等因素的综合影响下，玉米产业本身就具备向主产区尤其是东北地区聚集的特征，但是受耕地总面积所限，这一集中过程会归于收敛。而2008年玉米临时收储政策的出台，又在一定程度上提高了农户种植玉米的积极性，导致这一收敛趋势滞后了几年，即便如此，玉米临时收储政策的作用也只能是使收敛态势滞后，而无法更进一步地提升玉米播种面积的增长速度。在第三产区，由于在政策未执行期间，这一区域的玉米增产潜力并未得以释放，因此在政策执行期间，反而是第三产区的促产效果最为明显。不过在执行之后，第三产区的下降也是最为明显的，这说明在政策执行期间，虽然无法在主产区看出玉米临时收储政策的

促产效果，在非主产区依然能够有所体现，在主产区能够体现出来的，更多的是玉米临时收储政策的托底和稳定作用。另外，在政策执行期间，全国的玉米播种面积都表现出了增长态势，其中第一产区增长速度较快，因此可以认为，玉米的种植区域结构调整，依然是以主产区的先天优势为优先考虑因素。玉米临时收储政策的出台，更多的是使玉米的这一集中趋势更加快速、更加持久，为其提供更加优异的外部政策环境，但是这需要以国家财政付出为代价，并且不能够从根本上改变产业生态和市场机制。所以当政策取消之后，受到政策加持所带来的额外的面积增长最终也会减少，玉米区域结构调整真正回归自由市场的稳定状态。

二、小麦最低收购价政策影响分析

依据上文的思路继续对小麦最低收购价进行分析，产区分类也延续第二章的分类，由于小麦最低收购价一直延续至今，并未取消，在时间上的划分和玉米产业有所区别。考虑将2003—2020年这十余年划分为四个阶段，第一阶段为2003—2005年，这一阶段小麦最低收购价政策还未实行；第二阶段为2006—2014年，在这一阶段，小麦最低收购价政策开始实施,并且每一年的最低收购价格都在不断上涨,从2006年的0.72元/斤,上涨到1.18元/斤;第三阶段为2015—2017年,这一阶段小麦最低收购价政策依然在实施,不过最低收购价格稳定在1.18元/斤;第四阶段为2018年之后,在这一阶段,小麦产业也出现了质量难以提升、国家财政负担过重的情况,但是由于2016年的政策改革对玉米产业造成了极大的震荡,小麦产业并未取消最低收购价政策,而是选择了较为温和的处理方式,国家收购小麦的最低收购价开始逐年降低,每年降低0.03元/斤,到了2020年开始稳定在1.12元/斤。因此将小麦产业的阶段划分为执行前、上涨期、稳定期和下降期四个阶段。

(一)小麦最低收购价对产区的影响

依据产区划分和时间划分,计算各个产区在不同时期的小麦播种面积的变化趋势。在执行期前,全国的小麦播种面积就已经展现出了增长态势,并且第二产区的增长速度最快,年均增幅达到了4.25%,第一产区为2.01%,不过第三产区却表现出了明显的下滑,年均降幅为3.05%(见表4-4)。这说明在小麦最低收购价格政策出台之前,其实我国的小麦产业就已经出现了集中趋势,并且在更大程度上是向第二产区集中。在上涨期,全国小麦播种面积的增

第四章
政策对种植业结构调整的影响

长速度明显放缓，这与玉米产业的情况类似，即政策的出台并未使小麦播种面积出现更高幅度的增长。不过值得注意的是，在上涨期，第二产区的小麦播种面积转为负向增长，年均降幅为0.10%，第一产区依然保持了1.27%的年均增幅，这说明小麦最低收购价政策的出台，确实在一定程度上改变了小麦区域结构调整的格局，将原本第一产区和第二产区共同增长的格局，变成了第一产区单独增长（小麦最低收购价政策的执行区多在第一产区），第三产区还是维持了之前的降低态势。在稳定期内，全国小麦播种面积开始减少。稳定期是小麦最低收购价格最高的时期，但是这一时期的小麦播种面积并未展现出增长态势，相反第一产区虽然保持了正向增长，但是增速明显下滑，第二产区和第三产区的降低速度有所加快。到了价格下降期，全国平均和各个产区的小麦播种面积都出现了不同幅度的降低，第三产区降低尤为明显，其次为第二产区，第一产区最少。这说明小麦最低收购价对于小麦产区调整的作用也和玉米临时收储类似，更多的是起到一种使集中趋势滞后的作用。当政策效果削弱时，原先由政策效果支持而出现的面积增加，最终都会在市场机制的作用下回归原本状态。小麦最低收购价政策和玉米临时收储政策最大的区别就在于，小麦最低收购价基本在第一产区执行。因此可以看出，小麦最低收购价还具备改变小麦区域结构调整方向的作用，使得原本增速最大的第二产区直接停滞，拉动了第一产区也就是政策主要执行区的小麦播种面积的增长。

表4-4 各产区小麦播种面积增幅变化对比

产区划分	执行前	上涨期	稳定期	下降期
第一产区	2.01%	1.27%	0.62%	-1.29%
第二产区	4.25%	-0.10%	-1.24%	-2.56%
第三产区	-3.05%	-3.15%	-3.95%	-6.82%
全国均值	2.06%	0.62%	-0.08%	-1.84%

（二）小麦最低收购价对执行区的影响

与玉米临时收储政策类似，小麦最低收购价也有具体的执行省份，即河南、山东、安徽、江苏、河北和湖北等六个省份。除了湖北，其余五个省份按照本书的标准都划入了第一产区，湖北虽然在第二产区，但是播种面积在第二产区排名第二，仅次于新疆，也是我国小麦的主产省（区）之一。将其按照执行区和非执行区进行划分，可以看出，在小麦最低收购价执行前，其实执行区和非执行区的播种面积都已经开始上涨，不过可以明显看出，在执行区的增长速度要明显高于非执行区。到了政策执行期间，非执行区的小麦播种面积已经开始明显减少，但是执行区依然保持了增加态势，不过增加速度明显放缓；在稳定期间，执行区的增速有小幅度增加。这说明价格的提升对于小麦区域结构调整的进一步集中还是有着一定的促进作用。但是非执行区的下降幅度更快，到了价格下降的期间，执行区和非执行区的播种面积都出现了一定幅度的下滑。非执行区的下滑更为明显，这是因为虽然价格下降，小麦最低收购价这个政策依然存在，所以执行区的播种面积虽然有所下降，下降幅度并没有玉米产区取消政策造成的影响大（见表4-5）。综上来看，小麦最低收购价政策对于执行区和非执行区的影响在于降低了非执行区的小麦播种面积，并且在上涨期和稳定期保障了执行区小麦播种面积的小幅度上涨，所以小麦最低收购价政策不仅可以体现出保底作用，而且相对玉米临时收储政策，其集中效应更加明显。

表4-5　执行区与非执行区小麦播种面积增幅变化对比

政策划分	执行前	上涨期	稳定期	下降期
执行区	2.36%	0.56%	0.68%	-1.41%
非执行区	1.48%	-1.60%	-2.31%	-3.25%

（三）小麦最低收购价对产区内部的影响

选取湖北和新疆作为比较对象，因为湖北和新疆都属于第二产区，而且两个省（区）的播种面积基本一致。湖北是小麦最低收购价的执行省份，而新疆不是，因此以这两个省（区）作为对比，可以更加突出地展现出小麦最低收购价政策的效果（见表4-6）。在政策出台之前，新疆的小麦播种面积年均增长率为7.60%，湖北为9.88%，湖北要高于新疆，这也是选取湖北为小麦最低收购价政策的执行省份的原因之一。在上涨期，两个省（区）的播种面积增幅没有太大差别，不过需要指出的是，湖北在2005年小麦播种面积仅为730.61千公顷，但是在2006年突然增至1016.93千公顷，如此高的涨幅很大程度上就是因为小麦最低收购价的出台。新疆也有类似的变动，不过发生在2008—2009年，从746.13千公顷增至1115.25千公顷，这是因为在2009年新疆粮食系统开始坚持敞开收购、敞开直补政策。农民交售的小麦全由国有粮食购销企业收购，每公斤小麦价外补贴0.20元。同时，新疆还不断完善小麦收购价格形成机制，让本地区的小麦收购与全国托市收购同价，每公斤提价0.20元；并对种植小麦实行综合补贴，新疆粮食综合补贴全部用于补贴小麦，计划内种植小麦每亩补贴为90元，超计划种植每亩补贴46元。因此，新疆虽然不是最低收购价的执行区，但是新疆自身财政对于小麦产业的扶持力度并不弱于小麦最低收购价，这两个省（区）

的变动再次说明了小麦最低收购价对于小麦播种面积的提升有着明显的促进作用。不过在之后的稳定期和下降期，这两个省份的增幅出现差别，湖北在稳定期增长较快，但是在下降期也出现了报复性下跌。新疆一是没有在稳定期出现较大的增长；二是最低收购价的下降并不影响自身的扶持力度，因此在下降期，新疆的小麦播种面积并未减少，反而有所增加。这两个时期的变化也说明，小麦最低收购价对于播种面积具有一定的提升作用，但是这一提升作用只是建立在政策效果和财政支持之上的，当"政策市"效果减弱，市场机制占据主导权时，播种面积还是会回归市场均衡状态。

表4-6 新疆和湖北小麦播种面积增幅变化对比

省（区）	执行前	上涨期	稳定期	下降期
新疆	7.60%	0.42%	0.48%	1.80%
湖北	9.88%	0.43%	1.61%	−3.39%

第五章

我国种植业均衡调整的政策建议

通过上述章节的分析可知，我国种植业的结构调整受多方面的影响，并且各个产业之间的调整方向和调整历程都不一致，在总的耕地面积确定的情况下，要想实现国内各类农作物的稳定供给，就必须从宏观角度出发，全盘考虑我国种植业的种植区域调整。在我国作为人口大国的前提下，要坚持以国内为主的供给思路，稳住产能的同时，转变生产方式进行结构调整。结构调整的思路要以需求端的变化为根本，进行供给端调节，充分考虑到科技进步的作用，在总需求确定的情况，更加妥善合理地安排种植面积。并且要牢固树立绿色、优质、生态、安全的高质量发展理念，推动各个产业提质增效，减少化肥、农药等投入品的使用量。

在区域结构调整的过程中，要充分考虑到人口、经济、政治以及国际环境等要素。从我国目前现实状况来说，在供给端上，水稻和小麦两大口粮作物已经连续多年

第五章
我国种植业均衡调整的政策建议

稳居高位，能够很好地满足国内需求。同时在需求端上，由于我国经济的不断发展以及人民饮食观念的改变，对于肉、蛋、奶的需求量不断走高。这也就意味着，我国接下来的种植业调整思路应该是在优先考虑粮食安全的情况下，推动"粮改饲""粮改草"。同时，在国民经济提升的过程中，我国居民对于水果、蔬菜这些附加价值高的作物需求量也会有所提升，因此，水果蔬菜的播种面积在未来也需要进一步提升。所以综合来看，本书认为，在总面积一定的情况下，我国种植业在未来的调整方向应该是在一定程度上降低谷物类作物的种植面积，增加水果和蔬菜的种植面积。对于谷物类作物，应该适当降低水稻、小麦这两大口粮作物的播种面积，增加大豆、青饲玉米以及饲草等作物的种植面积。换言之，种植业应该由原先的粮食作物和经济作物的二元结构，转变为粮食作物、饲料作物和经济作物的三元结构，并且在稳定粮食产量的前提下，要尽可能提升饲料作物和经济作物的播种面积。

需要注意的是，对水稻和小麦这两大口粮作物播种面积的减少要慎之又慎，要时刻把握粮食安全这一红线。事实上，就目前的情况来说，我国在粮食安全观念上一直都认为中国人的饭碗里都应该是中国粮食，所以我国口粮类作物种植面积的调整关键点在人口、饮食习惯和单产水

结构优化
我国多元化种植结构协调发展策略研究

平。在人口方面，在计划生育政策的影响下，以及如今社会较高强度的压力下，我国人口出生率逐年下滑，并且逐步进入老龄化社会，虽然学术界对于我国人口何时出现拐点尚未有定论，但是我国人口在未来会逐步减少这是不争的事实。在人口减少的情况下，口粮需求减少也是必然的。在饮食习惯方面，人体每天摄入的能量是一定的，在多吃肉、蛋、奶的情况下就会降低口粮的直接消费，所以在饮食观念改变之后，我国的口粮需求量也会有所下降。但是相对应的，饲料产业的需求量会有所上涨，也就是大豆、饲草等产品的播种面积要有所上涨。在单产水平上，科技是第一生产力，在需求量一定的情况下，某一作物单产水平的提升，就意味着可以减少该作物的种植面积，转而种植其他作物。我国的水稻和小麦的单产水平在过去一直保持了增长态势，并且仍有一定的增长空间，而单产的增长潜力，恰恰就是播种面积的可降低空间。需要注意的是，在考虑单产水平时，也不能单纯地考虑某一类作物，而是应该考虑所有作物的单产提升情况，综合判断下，进行播种面积的调节。

在调整思路确定的情况下，如何实施这一战略就成为区域结构调整优化能否成功的关键。依据本书之前的分析，调整工作的重点，首先是在顶层设计层面，如何科学

第五章
我国种植业均衡调整的政策建议

合理地确定各个产业的需求量和播种面积，做到各个产业之间的协调发展；其次是各个产业优势区的建立，无论是粮食作物、饲料作物还是经济作物，由于农业的先天性，自然资源具有优势地区，必然会提升单产水平和竞争优势，测定各个产业的优势是确保资源得以有效发挥的关键；最后是执行层面，在国家规划好种植业调整战略的前提下，农户作为最基本的生产单位，是否能够有效执行是决定调整能否到位的根本所在。本书在第四章已经证明，政策工具能够在一定程度上影响农户的种植决策，因此如何根据调整目标和方向，制定出一套与之配合的政策体系，也是需要考虑的重点工作之一。在上述分析下，为了给我国种植业结构调整提供一定的思路和参考，本书提出如下政策建议。

首先，要强化顶层设计，遵循粮食安全、市场优先、因地制宜、循序渐进、产业协调、生态绿色等原则，政府部门应该充分发挥自身的资源整合优势，积极联络国内各大高校和科研机构的专家学者，构建多学科、多品种的专家团队，对我国未来一个阶段的农业市场、农业生产、农业贸易等领域做出专业科学的分析，以五年为一个周期，制定出科学合理的调整目标和与之配套的实施方案。

其次，要加强高标准农田建设，种植业的区域优化调

结构优化
我国多元化种植结构协调发展策略研究

整，无论最终以何种思路进行，优化的根本都在于有一个稳定的基本盘。而我国的实际情况就是在保障了粮食安全之后，才能够开始考虑其他种植产业的调整优化。并且上文的分析中也提出，粮食产业发展所带来的单产提升，也恰恰是其他产业耕地扩种的原因之一，因此在确保口粮绝对安全的大前提下，必须加强高标准农田建设，确保粮食作物的种植区域都是质量上等的农田，这样才能稳住基本，并给予其他种植产业足够的调整空间。建议在财政上，要加大对高标准农田建设的专项资金投入，充分发挥各省的财政优势，鼓励地方上也尽可能调拨更多的资金参与高标准农田建设。在制度上，将高标准农田划归为基本农田，同时规定其专田专用的属性，并采取登记入库，责任具体的管理办法，确保建设好的高标准农田只能用于粮食种植。

再次，要强化全国范围内的流通仓储体系建设。随着粮食生产区域逐步向东北、华北地区集中，北粮南运已经成为我国粮食流通体系中的基本格局，并且随着其他品种各种特色优势产区的建设，预计以后我国农产品的地理标识会更加显著。这一变化固然是充分发挥了各地区的自身优势，但是也对于我国农产品流通体系提出了更高要求。为了确保在产量稳定的情况下，各地农产品市场的稳定，

第五章
我国种植业均衡调整的政策建议

居民能够随时随地购买到需要的农产品，就需要加强我国流通基础设施建设。针对粮食作物，应该优先建立仓储设施，而针对水果和蔬菜这样的生鲜作物，就需要加强冷链仓储物流体系建设。充分利用互联网、大数据等先进的工具，搭建物流信息平台，尽可能将各地区的生产信息和需求信息归纳入库，依靠人工智能等手段，制定出科学的流通方案，畅通产销之间的连接渠道，进一步提升我国农产品的流通效率。

复次，要充分利用国际市场弥补国内缺口。虽然我国农业在过去十余年得到了充分的发展，多数产品的产能和产量都得到了充分的提升，不可否认的是，我国在某些产品上依然存在极大的缺口，尤其是大豆产品，每年的进口量在1亿吨左右，如此大的缺口说明即使国内进行区域结构的优化调整，但是单纯依靠国内依然无法满足需求，依靠国际市场进行补充是必然选择。另外，在调整期间，某些产业必然会面临改革期间的阵痛期，如2016年我国玉米播种面积的大幅度缩减，为了避免这种情况对国内农产品市场造成太大的震荡，通过国际市场进行缓冲也是一个不错的选择。就目前来看，我国的口粮能够完全自给，蔬菜和水果还具有一定优势，这些品种不必过于依靠国际市场，但是可以针对性地挑选出产能不足的产品，如大豆、苜蓿等同优势国家建立贸易协议,并且可以和多个国家同时签署,降低贸易的集中度,进一步降低供给风险。

最后,要强化农民职业技术培训和政策宣传力度。农户是区域结构调整能否得到充分执行的最终决定者,因此,要提高我国农民的专业技术能力,通过举办技术培训、科技讲座、大户示范等方式,向农户传播先进的农业生产技术,提升各类品种的单产能力,进一步实现"藏粮于技"的战略构想。另外,为了确保农户能够积极配合国家政策,保障农户的种植积极性,在出台相关扶持政策的前提下,还应该对农户加以政策上的宣传科普,让农户能够有效地和国内农产品市场对接,理解区域结构调整的意义,让农户意识到,区域结构调整不仅关乎我国农业产业的发展,同时也有利于自身收入水平的提高,具有农户利益和产业利益一致性的特点,培养一批具有市场观念、产业观念的新型农业人才,提升农户种植决策转变的积极性。

参考文献

[1] 鲍树忠：《农业种植因素对种植结构的影响及优化策略》，《农业与技术》2020年第13期。

[2] 曹雪、阿依吐尔逊·沙木西、金晓斌、周寅康：《水资源约束下的干旱区种植业结构优化分析——以新疆库尔勒市为例》，《资源科学》2011年第9期。

[3] 朝伦巴根、贾德彬、高瑞忠、于婵、商艳：《人工草地牧草优化种植结构和地下水资源可持续利用》，《农业工程学报》2006年第2期。

[4] 陈漫、刘世薇：《西南地区农作物种植结构优化研究》，《江西农业大学学报》2022年第1期。

[5] 陈玉洁、张平宇、刘世薇、谭俊涛：《东北西部粮食生产时空格局变化及优化布局研究》，《地理科学》2016年第9期。

[6] 陈守煜：《多目标决策系统模糊优选理论、模型与方法》，

《华北水利水电学院学报》2001年第3期。

[7] 丁永建、刘时银、叶柏生、赵林：《近50a中国寒区与旱区湖泊变化的气候因素分析》，《冰川冻土》2006年第5期。

[8] 高明杰、罗其友：《水资源约束地区种植结构优化研究——以华北地区为例》，《自然资源学报》2008年第3期。

[9] 胡川、倪兴国、胡元瑞：《灰色分析法在优化重庆市种植业结构中的应用》，《福建农业》2015年第3期。

[10] 侯庆丰：《基于水足迹的甘肃省农作物种植结构优化分析》，《中国沙漠》2013年第6期。

[11] 李曼、杨建平、杨圆、谭春萍：《疏勒河双塔灌区农业种植结构调整优化研究》，《干旱区资源与环境》2015年第2期。

[12] 刘亚琼、李法虎、杨玉林：《北京市农作物种植结构调整与节水节肥方案优化》，《中国农业大学学报》2011年第5期。

[13] 林忆南、金晓斌、李效顺、郭贝贝、周寅康：《渭北黄土台塬区水资源约束下的种植业结构多目标优化研究》，《南京大学学报（自然科学版）》2014年第2期。

[14] 梁启章、齐清文、姜莉莉、梁迅：《"粮经饲"种植结构优化方法与对弈式操作策略》，《中国农业信息》2019年第2期。

[15] 马林潇、何英、林丽、彭亮：《"三条红线"约束下的种植结构多目标优化模型研究》，《灌溉排水学报》2018年第9期。

[16] 仇蕾、钟雨纯、崔韵文：《基于水-能-粮关联关系的粮食主产区农业种植结构优化研究——以吉林省为例》，《中国农业资源与区划》2022年第10期。

[17] 孙淑珍：《黑龙港类型区节水农业典型调查及效益分析》，《河北工程技术高等专科学校学报》2011年第1期。

[18] 谭倩、綦天宇、张田媛、李然、张珊：《基于鲁棒规划方法的农业水资源多目标优化配置模型》，《水利学报》2020年第1期。

[19] 田甜、李隆玲、黄东、武拉平：《未来中国粮食增产将主要依靠什么？——基于粮食生产"十连增"的分析》，《中国农村经济》2015年第6期。

[20] 王禹植、薛联青、杨广、王春霞、贺天明、李玉环：《水资源三条红线约束下玛纳斯河灌区种植结构优化研究》，《水电能源科学》2022年第1期。

[21] 徐万林、粟晓玲：《基于作物种植结构优化的农业节水潜力分析——以武威市凉州区为例》，《干旱地区农业研究》2010年第5期。

[22] 薛庆根、周宏、王全忠：《中国种植业增长中的结构变动

贡献及影响因素——基于1985—2011年省级面板数据的分析》,《中国农村经济》2013年第12期。

[23] 周宏:《中国种植业增长与贡献因素分析》,《中国农村经济》2008年第1期。

[24] 周惠成、彭慧、张弛、肖建民:《基于水资源合理利用的多目标农作物种植结构调整与评价》,《农业工程学报》2007年第9期。

[25] 钟甫宁:《粮食安全和农业劳动力成本问题》,《中国乡村发现》2016年第5期。

[26] 朱晶、李天祥、林大燕、钟甫宁:《"九连增"后的思考:粮食内部结构调整的贡献及未来潜力分析》,《农业经济问题》2013年第11期。